U0019302

HANSONS
FIRST
MARATHON

2018 COPYRIGHT EDITION

漢森初馬
訓練法

第一次跑馬拉松就完賽

目次

/前/言/

　　馬拉松的神祕特質無庸置疑。對很多人而言，跑馬拉松是一場耐力的自我挑戰、人生清單的一項、跑步履歷的一部分和一生成就的目標。初次完賽馬拉松不僅僅是身體的經驗也是心靈的體驗，無關乎配速或完賽時間，你會感覺到深刻的意義、驕傲和成就感。每年都有各式新奇的耐力賽跑出現，如斯巴達障礙跑和殭屍路跑，但馬拉松仍是人類運動的黃金標竿。想到要徒步跑 26.2 英里可能會讓你嚇壞，*還會冒出很多問題：我真的能跑那麼遠嗎？要怎麼開始訓練呢？會不會受傷？如果失敗了怎麼辦？

　　所幸這些自我懷疑的思緒中還有一線希望和興奮，如同看似無法觸及的遠大目標，就因為如此才更加吸引人。馬拉松的吸引力對

有些人來說非常強烈，有些人則把它放在「也許有一天」的類別，當作某天會想完成的目標，只是還沒找到時間，如果這就是你，那麼翻開這本書可能預示著那一天沒有你想像的那麼遙遠。

懷抱馬拉松夢的人不止你一個，隨著路跑的風潮興起，參與人數也出現前所未有的攀升。今日有許多不同類型的跑者推廣如何開始跑馬拉松，除了死忠的資深跑者，還有陪孩子運動的爸爸媽媽、募款人士、越野跑者和週末戰士，他們的目標都是證明自己做得到，你知道嗎？他們都做得到，而你也是。

大多數人只是需要一個起點，讓我們能躍入 26.2 英里的訓練，以及對我們前進的方向具有自信心。這就是本書的重點。

誰該跑馬拉松？

凱斯・漢森（Keith Hanson）和凱文・漢森（Kevin Hanson）兄弟是菁英級漢森－布魯克斯長跑計畫（Hansons-Brooks Distance Project）的教練和共同創辦人，當他們在 1991 年第一次使用自己的馬拉松訓練計畫時，當時的馬拉松風貌和現今大不相同。幾乎沒看過慈善募款活動，主題式路跑更是無法想像，碳水化合物只能從白義大利麵和麵包攝取，跑步鞋的重量也比現在重多了，而完賽排汗衣根本入不了資深跑者的眼。

---

*　編注：1 英里等於 1.609344 公里，全馬 26.2 英里，通常換算為 42.165 或 42.16 公里。不過，在標準的賽制中，全馬是 42.195 公里。

關於過去數十年來馬拉松風貌如何發展變化，可以從美國跑步協會（Running USA）篩選的數據看出來，例如 1980 年美國約有 14.3 萬人跑馬拉松，跑者年齡大多數介於 20 ～ 39 歲，其中只有 10％是女性。到了 1995 年，大約是漢森兄弟開始著手寫下第一份馬拉松訓練法課表的時候，數據稍微成長了一些，當年約有 29.3 萬馬拉松完賽者，女性比例成長至 26％，而大師組（40 歲以上）的參賽者比例從 1980 年的 26％上升至 41％。到了 2015 年，馬拉松完賽者在過去兩年都超過 50 萬人，且往後皆維持此人數，女性跑者人數幾乎與男性相等，而大師組占了完賽人數幾乎一半。

　　除了參與人數增加，數據也顯示整體配速出現劇烈變化，現今的馬拉松跑者平均跑得比較慢。1980 年女跑者的平均完賽時間是 4 小時 2 分，男跑者是 3 小時 32 分，1995 年則增加至 4 小時 15 分和 3 小時 54 分。2015 年，大家都超過 4 小時，女跑者平均 4 小時 45 分，男跑者平均 4 小時 20 分。

　　這些數據對現在的馬拉松有什麼意義呢？在 1970 年代第一次慢跑潮之前，少數跑馬拉松的人只被視為中堅分子；他們很孤單，為了實現訓練目標，獨自慢跑無數英里。當時大多數人可能都不認識跑過馬拉松（或甚至對馬拉松野心勃勃）的人。

　　現在能選擇的路跑活動比當時多了幾千場，但也被包裝成盛大的活動。這和祖父輩的路跑完全不同，那個年代只會有 20 個人參賽，而且沿途沒有任何補水站或補給站。但現在許多馬拉松是募資百萬善款和其他收入的盛會，長跑的孤寂讓跑者集結成龐大的社團。雖然有些正統主義者對這些發展嗤之以鼻，我們仍可說這項運動已經變得更好，馬拉松的門檻降低也更容易參與，吸引新一代人參加這

項有益身心的活動，到頭來這對所有人都是好結果。正如俗話所說，「水漲船高」（a rising tide raises all boats），無論你的目標是募款、追求自我或是奧運門票，都能搭上這波潮流。

　　本書主旨是讓讀者了解，無論有沒有經驗，跑完馬拉松是每個人都能辦到的事情。你可以從書中篇章學到如何撐過第一場馬拉松，把它從人生清單上劃掉。此外你還會學到最好的訓練法，並了解過程中會發生的事情，從中獲得成長。在詳細解說增長跑步距離的原因和方法，以及建構訓練計畫的同時，我們還會破解常見的迷思和錯誤觀念，並提供能讓你成功完賽的課表。我們還問了許多資深運動員，了解他們最希望在跑初次馬拉松前知道哪些事，讓你能從他人的失敗和成功之中受益。

起跑線在哪裡？

　　誰可以從這本書獲得好處呢？簡單來說就是所有想要跑初馬的人，大部分可被分為下列三種類型。

　　新手跑者：或許你已經想跑步想了很久，或者是靈光一閃，又或者剛經歷過改變人生的大事，總之你決定現在是時候把馬拉松從願望清單上劃掉了。如果你屬於這類型的人，可能沒有太多訓練知識，只是平日一、三、五跑步或者週末小跑，但每週都不一樣也沒有一定的架構。在你的 0 到 26.2 英里路上，本書將會是關鍵，而且說不定在過程中你還會找到一輩子的興趣，有何不可？

休閒跑者：這是三種類型中人數最多的一種，休閒跑者通常每週跑 2 ～ 4 天，而且熟悉「間歇跑」（intervals）、「反覆跑」（repeats）或「節奏跑」（tempo runs）等詞彙。你可能有幾面 5 公里和 10 公里路跑的完賽獎牌，甚至跑過幾次半馬。有很多人是為了健康和體態開始跑步，因為享受運動和競賽而持續跑步，如果你屬於這個類型，本書能帶領你安全又有效率地規劃訓練，邁入慢跑旅程的下一個階段。

專業跑者：擁有不錯的個人成績，甚至可能是地方性 5 公里和 10 公里路跑的前幾名，而你現在想要挑戰更大的成就。馬拉松對許多專業跑者有強烈的吸引力，雖然他們偏好短跑競賽，但會渴望至少嘗試一次。本書能幫助你銜接短距離的快跑和以適當配速完成 26.2 英里賽事之間的差距。

如果我早知道……

多年來，我們親自指導了數百名跑者，我們的著作也影響了成千上萬能力和經驗不一的人，所以抽樣訪問初馬的經驗時，母群體很龐大。哪些部分很順利？沿途有哪些好或不好的驚喜？開始訓練前最希望自己能知道哪些事？訪談的過程中，我們發現一些常見的答案。

馬拉松很困難：很多人希望自己早點知道馬拉松有多難，訓練起來跟 5 公里和 10 公里差很多。如果教練說不需多加訓練就能成功挑戰馬拉松，那他是在害你，馬拉松很困難，而你必須做好身心的準備。

隨性的訓練沒有用：沒有經過系統化的訓練計畫就挑戰初馬的人表示後悔。有些跑者只是憑感覺訓練，參考朋友隨口的建議和網路上找到的簡易計畫，他們的收穫就和付出一樣少。馬拉松成功的關鍵是能遵循健全而嚴謹的訓練計畫，這種訓練計畫能解釋訓練背後的論據，並能兼顧個人化的考量。

馬拉松訓練期很長：大多數受訪的運動員都說，真希望一開始就能預見這需要投入大量時間。這麼想吧，你曾受過 5 公里訓練，但馬拉松大概是八倍長的距離，雖然不必付出八倍的時間，但如果你以為不需要多費努力，肯定會受到挫折。這不只是調整你自己心態的問題，也是要避免讓親朋好友抱持不切實際的期待。

一切都值得：只要證明自己有能力克服挑戰，事前的犧牲和努力都是值得的付出。大多數受訪的運動員本來只是想跑一次馬拉松，後來都為此著迷而持續下去。

他們說 ————

「我學到最重要的一課是：光靠意志力是無法成功的，好的表現必須重視營養、身體機能、伸展、裝備和許多其他的小細節。」

——大衛・H（David H.）

「享受過程真的很重要。如果你對自己的訓練和紀律自豪，並且信任你的訓練計畫，那比賽不會有問題。過程就像是獎勵，而不是必須忍耐的事情。」

——紀達斯・B（Gildas B.）

「我的人生分成兩個時期，2008 年 10 月 18 日（初馬）之前和之後。完賽當下，我決定不讓自己變回開始跑步前的我。現在的我感覺很好，吃得也好，精神面貌煥然一新，血壓控制得更健康，而且活力充沛。起步永遠都不嫌晚，而且所有人都可能成功。」

——格雷・B（Craig B.）

第一步要往哪走呢？

我們如何從 A 點到 B 點，從想跑馬拉松到跨越終點線呢？在繫

上鞋帶跨出大門前，希望你先問自己幾個問題。你的答案會導向合適的訓練初始階段，還能幫助你判斷要花多少時間才能達到適合馬拉松訓練的體能，以及你是否準備好今天就開始訓練。本書也會探討設定目標時，如何在野心和現實之間取得平衡，以及如何全程維持動力，花一點時間在這些事情上，就能讓你找到最合適的訓練起點。

讓我們開始吧！

PART I——BEFORE YOU BEGIN

第一部　開始之前

第一章
找到起點

　　這本指南是漢森教練群數年來與跑者合作，花了上千個小時所獲得的心血結晶，也是我們在這個過程中共同發現的祕訣。我的運動生理學背景很重要，但無法比擬在道路與小徑上和跑者一同努力的實務經歷。我們可能無法在你的馬拉松訓練開始前真的坐下來對談，但仍希望能像面對面一般引導你。訓練每一位運動員之前，我們都會問幾個問題，這也是我們首先要做的事情。

開始訓練前要問的 5 個問題

　　世界上沒有所有人通用的萬能訓練規劃，但有幾個問題能讓你

提高訓練成功率，在開始進行馬拉松訓練前，問問自己下列問題，以找到最聰明的方法。

問題 1：我有沒有定期跑步？

跑者的回答通常分為以下三種。

沒有，我還是新手。

如果這是你的回答，那你要做的第一件事就是開始跑步，而對你最合適且安全的方法就是花時間鍛鍊體力和耐力。你可以用專為新手跑者設計的「起步」（Couch to Marathon, C2THON）課表，為期八週的訓練目標是緩慢而安全地從無到有，建立起跑步距離和體能，課表的詳細介紹列於第七章。起步課表（C2THON）是我們的 0 至 5 公里（0-5K）計畫，協助你從「跑走」進展至連續 30 分鐘以上的跑步。

身為新手跑者，先花時間建立安全基礎再開始進行馬拉松訓練很重要，這在時間上有什麼意義呢？如果把 8 週的 0-5K 計畫加上 18 至 20 週的馬拉松計畫，你就要面對 26 至 30 週的結構性訓練。雖然聽起來很久，但是直接開始馬拉松訓練非常容易受傷，還要花時間康復再從頭來過，相較之下，從基礎打起所花的時間會更有效率，所以，幫自己一個忙吧！花點時間打下穩固的基礎和建立順暢的訓練，基礎訓練結束後就能馬上開始初階訓練（From Scratch）或只求完賽計畫（Just Finish Plan）。

沒有，我之前曾定期跑步，但因為受傷或生病只能停止。

如果你已經一段時間沒有跑步，想要再次開始，我們強烈建議你等到身體完全恢復再嘗試。受傷的跑者對於重新訓練常常過度熱情，導致每前進一步事實上卻是後退兩步。重新訓練前，你不只要對自己的健康和康復狀態充滿信心，還要確認當初讓你不得不停下來的原因是什麼，是跑步距離太長了嗎？身體力量不平均嗎？還是舊傷復發了？不管是什麼原因，都必須好好處理，才不會又影響了馬拉松訓練，你不必從 0-5K 課表開始，但至少在開始一般馬拉松訓練前，先輕鬆地跑幾週較短的里程做準備。

有，我已經連續幾個月或幾年都每週跑步數日。

如果這是你的答案，那你大概可以馬上開始馬拉松訓練了。只要每週有跑 15 英里，而且有 18 至 20 週的時間能進行訓練，那就開始吧。

問題 2：最近有參加路跑比賽嗎？

幾年前，美國癌症協會請我幫忙訓練一些人，參加底特律最大的馬拉松比賽，我很快就發現有些人從沒跑過任何比賽，無論距離長短。身為教練，這個問題有點棘手，因為少了完賽時間成績，我無從判斷跑者的體能，也無法確定他或她的訓練起點。任何距離的比賽表現都能換算成其他比賽的成績，如果你最近在 5 公里賽事跑了 25 分鐘，輸入漢森路跑換算器（Hansons Race Equivalency Calculator）就能預測你的馬拉松成績不到 4 小時（漢森教練網站上

有全方位的互動式換算器，也可參閱本書第九章的表格）。

　　近期比賽成績對設定目標極有幫助，但是沒有也沒關係。還有幾個選擇可選。你可以先參加地方的 5 公里或 10 公里路跑來判斷目前體能，每個週末都能簡單找到一些路跑活動。如果不想參加比賽也沒關係，只是剛開始訓練的前幾週，在建立配速的時候需要多加猜測，在真正開始課表前必須多花幾週確認起點。隨著訓練進展，不妨報名一、兩場短距離的路跑，測試自己的體能並有助於找到馬拉松的目標完賽時間。

　　如果你最近跑過幾場短距離路跑，那你就有很多設定馬拉松目標的資訊了。關於如何運用換算方法以及設定目標，我們會在第九章詳細探討。

問題 3：為什麼想跑馬拉松？

　　馬拉松訓練對身心靈的負荷很重，而且耗時長久。為了維持動力，知道自己為什麼要做這件事很重要。當你自問：「我想從中得到什麼？」你應該要有答案。

　　跑者的回答非常多元。有的人想要翻轉生活型態，而挑戰馬拉松感覺是個很好的起點；有的人則為了競賽目標努力，像是得到波士頓馬拉松的參賽資格；也有人認為這是人生必做的一件事。這些都是挑戰馬拉松的完美理由，但你若符合下列其中一種敘述，訓練可能就會遇上麻煩。

　　沒有目標：少了明確的目標，可能會削弱訓練的效果，馬

拉松需要花費長時間努力，若沒有引導自己的目標，你很可能會在中途不照計畫訓練。有些跑者不敢設立目標，因為他們心裡懷疑自己是否辦得到，新手尤其如此，如果這聽起來像是在說你，請考慮先進行 0-5K 計畫。多年來，我們遇過一些原本不敢設定馬拉松目標的運動員，在進行 5K 訓練計畫之後，他們的自信心隨著訓練的時間和距離變化油然而生，因此找到「只求完賽」以外的目標和目的。

心有餘而力不足：你的目標很大，但沒有時間或動力完成充足訓練。我必須誠實告訴你：馬拉松訓練很困難，無論你是要跑 5 小時、4 小時或 3 小時。不管你想在跨越終點線的時候看到什麼數字，訓練都需要日復一日的用心和努力。此外，想跑得愈快，就必須付出愈多在訓練上，才看得到進步。為了遠大的目標需要跑更遠的距離、更勤奮健身以及更多休息，如果你的心態不實際，而且設下了目標卻沒有時間和心力能付出，那訓練的時候會很掙扎。對目標樂觀且具有信心很好，但也要合理。

問題 4：你可以為了馬拉松訓練付出多少時間？

一天只有 24 小時，一週只有 168 小時，不多也不少。馬拉松訓練將占據很大一部分時間，在路跑報名表上簽名之前，先想想現在是不是時候把訓練當作重心。切記，訓練很有可能會排擠你生活中的其他部分，例如為了長跑可能必須放棄和孩子一起看週六早晨的

卡通、暫停規劃房屋翻修，或是晚些時候再攬下新的工作職責。

　　百分之百遵照訓練安排很困難，所以有時候需要彈性調整。大家總有落後的時候，但是假設你只能完成 70% 的課程，那對成功跑完馬拉松和達到目標都沒有幫助。最重要的是，好好決定你的生活究竟需要和想要什麼。如果馬拉松真的在你的生活想像中，你就會找到方法讓訓練成為你的第一要務。但如果現在真的沒辦法騰出空間，以後再嘗試似乎才是合理的決定。退一步去評估你對生活的想像，並且試想訓練將會融入在哪個部分。你的每日行程有可能要大幅變動，但也許只要更有效率地完成其他事就能騰出時間訓練。

　　記住，不是每天的訓練都相同。我們的課表通常每週會有 2 ～ 3 天需要長時間訓練，其他天要花的時間則比較短。至於整體花費時間，在訓練尖峰時大約每週需要 10 ～ 12 個小時。請問問自己，是否真的有這麼多時間能花在馬拉松上面？

問題 5：你容易受傷嗎？

　　回答前請仔細思考。我們訓練過的運動員中，有很多人一開始說自己沒辦法跑太長的距離，因為他們的身體很容易受傷，但我們發現只要選擇聰明有品質的訓練計畫，他們大多數都沒有那麼脆弱。有些人表示從來沒有人教過如何安全且有效地執行路跑計畫，也有人說自己無從分辨身體的不適究竟是訓練本身的正常效果，還是受傷需要治療的警訊。話雖如此，有些跑者是真的容易受傷，舊傷、身體特徵（如長短腳）和其他因素都可能讓人花更多時間坐冷板凳。這些主題在第五章有更詳細的介紹，現在請先記住一些跑步傷害常

見的根本原因。

訓練不連貫：我們不期望你會做到課程裡每一項健身和跑每一哩路，因為生活總有意料之外的事會發生：小孩會生病、工作安排會變、汽車會無預警拋錨。有時候，天時、地利就是無法在你需要的時候發生。但為了成功，你還是必須做大部分的訓練。如果能維持連貫並逐漸增加訓練量，那你不只能跑得更快，還能增強體能避免常見的訓練傷害。訓練中斷好幾天後，為了追進度一次跑足累積的距離幾乎等於受傷和生病。記住，就訓練的整體而言，緩慢而穩定的步調才能獲得勝利。

亂湊訓練法：有些跑者嘗試初次馬拉松的時候，是胡亂拼湊網路和朋友給的建議。這麼做的問題在於，訓練計畫裡只有跑者想做的事情，而少了該做的事情，不只會影響目標完賽時間，還會打亂訓練的平衡並導致受傷。使用亂湊訓練法得到的結果總是差強人意，漢森訓練計畫則致力於避免你成為受害者。

舊傷和舊疾：如果你有慢性受傷的問題，無論是路跑老將或新手，都應該先取得醫師同意再開始馬拉松訓練。醫師可能會建議先不要跑太長的距離，並透過其他方法增強體能。這一點當然可以整合在計畫中（詳見第十一章交叉訓練的部分），但你若希望能達成馬拉松目標，那尋求專業

人員的建議就很重要。如果你曾受過訓練傷害，先別急著一口咬定原因，受傷可能不是因為訓練本身，跑步鞋不適合、進行訓練的方法不對或其他原因也有可能，應諮詢醫師並找到根本問題，才能避免重複受傷。

徹底考量過訓練、受傷和動力之後，我們要澄清一個很重要的事實：我們從頭到尾都沒有說哪些人不適合跑馬拉松。即使是初階新手，也有方法能成功跑完 26.2 英里。只有受傷、生病、沒有動力付出時間和努力的人，我們才不建議進行訓練。只要你目前健康而且有動力，就能跨過沒有經驗或舊傷的障礙。馬拉松的成功旅途上，你所需要的就只是一份適合個人需求的好課表。

綜合考量

花時間評估自己是否準備好進行訓練，才能找到最適合的課表。你可以在第七章找到許多計畫：適合新手跑者的起步計畫（the C2THON，從 0-5K 準備計畫開始）、設計給重新出發跑者的初階訓練計畫（the From Scratch）、針對「跑完就好」目標的只求完賽計畫（the Just Finish）、適合有經驗跑者的進階初馬計畫（the Advanced First Timer），以及針對銜接短距離路跑訓練轉換的特快車計畫（the Express）。為了協助挑選最好的計畫，我們針對前述的三種跑者統整了一些關鍵重點。

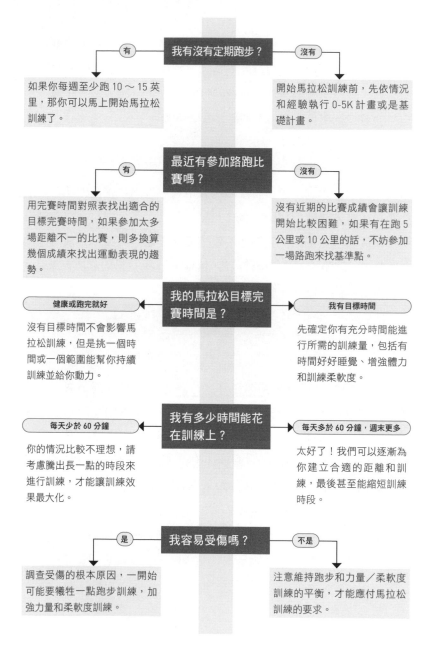

我有沒有定期跑步？

有

如果你每週至少跑 10～15 英里，那你可以馬上開始馬拉松訓練了。

沒有

開始馬拉松訓練前，先依情況和經驗執行 0-5K 計畫或是基礎計畫。

最近有參加路跑比賽嗎？

有

用完賽時間對照表找出適合的目標完賽時間，如果參加太多場距離不一的比賽，則多換算幾個成績來找出運動表現的趨勢。

沒有

沒有近期的比賽成績會讓訓練開始比較困難，如果有在跑 5 公里或 10 公里的話，不妨參加一場路跑來找基準點。

我的馬拉松目標完賽時間是？

健康或跑完就好

沒有目標時間不會影響馬拉松訓練，但是挑一個時間或一個範圍能幫你持續訓練並給你動力。

我有目標時間

先確定你有充分時間能進行所需的訓練量，包括有時間好好睡覺、增強體力和訓練柔軟度。

我有多少時間能花在訓練上？

每天少於 60 分鐘

你的情況比較不理想，請考慮騰出長一點的時段來進行訓練，才能讓訓練效果最大化。

每天多於 60 分鐘，週末更多

太好了！我們可以逐漸為你建立合適的距離和訓練，最後甚至能縮短訓練時段。

我容易受傷嗎？

是

調查受傷的根本原因，一開始可能要犧牲一點跑步訓練，加強力量和柔軟度訓練。

不是

注意維持跑步和力量／柔軟度訓練的平衡，才能應付馬拉松訓練的要求。

新手跑者

準備開始訓練需要一點時間,當你著手時一定會有不知道的事情,最主要的是你的目標和身體對訓練的反應。對新手最好且最短的路程將看似漫長。但我們看過一個又一個的跑者急著進行尚未準備好的計畫,結果卻在一、兩個月後受傷。給自己時間為身體和心理做準備並循序漸進,我們保證能省下不必要的時間和痛苦。你可以從下列步驟做起。

第一步:養成跑步習慣

首要任務是騰出 8 週的時間進行從 0 到 5 公里的初步訓練。給自己時間以合理的速度進步、養成好習慣並學習健身跑步的基本要素,詳情請見第七章的起步課表(C2THON),內容就是在 8 週內建立「0-5K」的計畫。

第二步:建立馬拉松訓練的起點

完成前兩個月的訓練後,跑一場 5 公里路跑以設下實際的馬拉松目標吧!很多地方幾乎每週末都有 5 公里路跑活動,所以找一個參加應該不難。除了幫你找到訓練的基準,這也是了解路跑比賽如何運作的好方法。

第三步:開始馬拉松訓練!

跑完 5 公里後,就能專心為馬拉松特訓了。

找到起點

休閒跑者

你本來就每週跑步好幾次，每次 30 分鐘以上，這讓你有很好的基礎能超前進度成為馬拉松跑者。

第一步：建立訓練目標

可以從近期的比賽成績推算，或是報名一場 5 公里或 10 公里路跑以測試自己的體能。透過路跑換算器換算成績，就能幫你找到訓練目標。有關目標設定的細節請見第九章。

第二步：選擇對的計畫

前述完賽成績、目前每週跑步距離，以及參加初次馬拉松之前所需訓練的週數，將會決定最適合你的訓練計畫。針對每週跑 10 ～ 20 英里的人，我們建議使用只求完賽計畫，讓你在 18 週的時間內剛好達到目標距離和所需能力。

如果你每週跑步 20 英里以上，我們建議初階訓練計畫或進階初馬計畫，你可以依照目前的跑步距離和自認的能力範圍來選擇。對很多休閒跑者而言，初階訓練計畫最適合。

第三步：開始訓練！

過程中還有很多事需要持續學習，但你已經準備好立刻開始馬拉松訓練了。隨著體能和信心增長，你會從體適能 / 較短距離跑者轉變成馬拉松跑者。

競賽跑者

　　如果你已經是競賽跑者，那對你而言最困難的部分可能是找到馬拉松訓練不同於 5 公里、10 公里或半馬訓練之處。為了 26.2 英里的賽事，不只是訓練和努力程度不同，你的身體和心理也會以全新且意料之外的方式應對。

第一步：建立基準

大多數競賽跑者近幾個月都有 5 公里或 10 公里路跑的成績，可以做為馬拉松目標的基準。

第二步：找到對的課表

大部分競賽跑者每週約跑 30 ～ 50 英里。雖然每週跑步距離可決定最終配速，但每個競賽跑者需要為馬拉松做準備的週數大致相同。18 週是最適合的準備長度，這也是我們建議進階初馬計畫的原因。但如果你只剩幾個月的時間，特快車計畫亦不失為一個選擇。

第三步：開始訓練！

有了競賽經驗和每週跑步的距離加持，你可以馬上展開訓練了。

　　選擇訓練計畫的時候，請記得這些重點。無論你的背景、經驗和目標是什麼，要把你送上終點線，我們可是一把罩。

第二章

你是什麼類型的跑者？

　　向馬拉松前進之前，先退一步很重要。反思你個人的生理狀態以及獨特的訓練心理，可以有效地為成功跑完 26.2 英里鋪路。本章節將幫你找出自己身為跑者的自然傾向，有些人天生有著超群的耐力基因，像波士頓馬拉松和紐約馬拉松的贏家。但大多數人都不是完美的馬拉松人才，不過不用氣餒，就算沒有修長雙腿、完美步伐，或是能持續好幾公里的專注能力，只要經過正確的訓練，你也能成功跑完馬拉松。

　　首先，讓我們照照鏡子看一下生理狀態。身體類型會決定我們對耐力訓練的反應，身體類型包括骨架、身形和肌肉。雖然健康和體能的改善會改變身體，但我們仍可以評估自己屬於哪一種

類型：肌肉型（mesomorph）、易胖型（endomorph）或瘦長型（ectomorph）。

人口當中約有 15% 屬於肌肉型，其特徵是有較寬的肩膀、較窄的臀部和較多肌肉組織。肌肉型的運動員通常強壯而有力、體態輕盈，就像典型的短跑選手一樣。這類型的跑者有大量的快縮肌纖維（fast-twitch muscle fibers），還有很高的起始最大攝氧量（VO2max），這是代表身體能使用氧氣的程度。最大攝氧量愈高，身體將氧氣運送到工作中肌肉的效率就愈高，從而影響跑步的表現。進行馬拉松訓練時，肌肉型的人雖然能得到高 VO2max 的幫助，但其肌肉組織會先使用快縮肌才用慢縮肌，因此基於較短距離的表現設定馬拉松目標時間時，必須加以調整。

易胖型（endomorph）的人肩膀和腰部較寬、胸廓較厚且四肢較短，容易有寬大的體態和高於平均值的體重，大約 70% 的人都屬於這個類型。易胖型在很多層面被視為「一般」狀態，對訓練的反應也常在預料之內，這是因為大多數的計畫都是為「一般」跑者設計，所以只要以合理的速度增加距離和強度，這類型的人通常透過訓練就能成功進步。

最後，有 15% 的人口屬於瘦長型（ectomorph），這是被視為真正的「馬拉松身材」的類型，其特徵是纖瘦、四肢長和體態輕盈。這類型的跑者對訓練的反應比一般人（易胖型）來得慢，但長期下來在以有氧運動為主的活動中表現傑出。生理層面上他們有大量的慢縮肌纖維（slow-twitch muscle fibers），以及較低的起始最大攝氧量，由於恢復速度比一般人快且能輕鬆應付大量訓練，所以瘦長型從短距離路跑到馬拉松的過程中，表現通常會隨著距離增加而進步。

你是什麼類型的跑者？

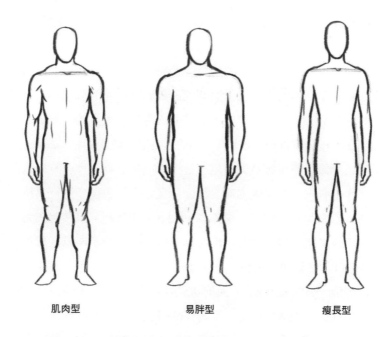

肌肉型　　　　　　　　易胖型　　　　　　　　瘦長型

　　當然，不是每個人都能被清楚分類，你可能覺得每個類型的敘述都有點符合自己，但這些類型還是提供了有用的概略描述。在你進入訓練前，照照鏡子能反射出很多資訊。

　　完成身體評估之後，考慮自己對訓練可能會有的反應很重要。了解自己的身體和心理對付出體力的反應，不只有助於設定適當的目標，也能調整訓練內容以符合你獨特的潛質。底下的小問卷能幫助你找到進入訓練後的優勢和弱勢，如果你沒有什麼跑步經驗且不確定怎麼作答，那就把這些先記在腦中，你也可以把參與其他運動或體育課程的經驗當作資料。無論如何，當你開始跑步之後，優勢和弱勢都會自己浮現出來。

請將每一題答案旁邊的數字圈起來。

你喜歡哪一種訓練？

1. 長長的節奏跑和間歇跑。
2. 短而快速的反覆跑。

享受做拿手的事情是很自然的，如果你喜歡跑長一點的距離，有可能是因為你的慢縮肌纖維較多，因此距離愈長就表現愈好。如果沒有跑步的習慣，或許你發現比起 30 分鐘的飛輪課程，你更喜歡長而休閒的腳踏車行程。換句話說，如果你的快縮肌纖維較多，你可能會喜歡短而快的健身，像是在跑道上衝刺短跑或是在飛輪課猛踩踏板。然而發現自己屬於這個類型也不用擔心。雖然在耐力基礎的訓練上會比較早感到吃力，但隨著時間和訓練過去，你也能跑一場出色的馬拉松。

你最能適應哪一種訓練？

1. 長一點：節奏跑和長跑。
2. 適中就好。
3. 快一點：5 公里配速反覆跑。

你是什麼類型的跑者？

這題可能要憑直覺猜測，但也可以想想過去曾為其他運動做過的健身類型，以及你覺得健身對體能程度的影響。有些人經過數週的長距離、中等配速的耐力訓練就會感到體能強化；有些人則是覺得定期高強度訓練效果最好。知道這一點可以讓你快速了解自己的生理組成，正如你猜想的，身體比較容易適應天生就拿手的訓練。如果你最適應的是衝刺快跑，也不代表不能跑馬拉松，只是需要花稍微長一點的時間才能適應更長的訓練。

哪種距離是你的強項？

1. 長距離（>10K）比短距離強多了。
2. 都不錯，但長距離稍強一點。
3. 都不錯，但短距離稍強一點。
4. 短距離（<10K）比長距離強多了。

本題進一步釐清你的天生傾向和天分在哪，並找出訓練的最佳方法。如果你的自然傾向不是長跑，那耐力訓練的時候一定要有耐心，隨著時間和訓練的積累，一定能成功。

你比賽的時候通常怎麼跑？

1. 通常全程維持相同配速，有時候會在後半場加速。
2. 一開始全力衝刺，但最後變弱。
3. 開場表現得很好，但難以維持。

你的答案代表你的耐力等級。如果能全程維持相同配速，那你可能具備強健的有氧引擎。如果答案選 2，所謂的「自殺式」跑法，那你得花點心力培養耐力和有氧強度了。如果你是短跑健將，你大概選了最後一個，代表你必須加強耐力。

跑完哪一種類型後，恢復得最快？

1. 長跑和針對馬拉松的訓練。
2. 全部都一樣。
3. 強度和速度訓練。

了解自己對不同訓練的恢復能力，有助於進行規劃。如果長跑和速度訓練之間需要兩天的時間恢復，那就這麼安排。恢復時間甚至會決定某些訓練的一節長度。比如在馬拉松專項特性的訓練之後你恢復得很慢，就要延長訓練的長度；反過來，如果你恢復得很快，就能縮短訓練長度。這能增

加你的進步幅度，且避免受傷、過度訓練和高原期。針對較難恢復的訓練，我們會在第十二章討論如何規劃。

計分

將每題分數加總後看自己落在下列哪一個範圍，就能知道你身為跑者的能力為何？

6 分以下：長跑萬歲

7 ～ 10 分：伸縮自如

11 ～ 15 分：急速狂飆

分數愈低，代表耐力活動的能力愈強，高分則表示你是短跑取向。但記住，就算是最高分的人也能跑馬拉松，這個測驗純粹是為了幫你蒐集資訊，以規劃最適合的訓練。

最後一點

　　問自己這些問題的目的是要了解自己的天生能力,不只能設定期望,還能調整訓練,放大強項並縮小弱點。在訓練開始前先熟悉個人的優勢和弱勢很重要,才能規劃出最好的訓練計畫。如果你有教練,這些都是可以討論的好問題,你的答案能幫助他們引導你;如果沒有教練也不用擔心,本書設計的課程目標就是適用各種類型的跑者,全文都會說明如何調整以適應各種優勢、弱勢和其他情況。

　　　　　　　　　　你是什麼類型的跑者?

PART II ── THE WHY

第二部　訓練理由

第三章

我們的訓練哲學

　　25 年來，無論跑者的能力高低或經驗深淺，漢森訓練課表的成效都能維持一致。漢森兄弟雖然透過一些傳聞知道課表有效，但我在 2006 年加入後才從科學的角度探討為什麼有效。身為運動科學家、跑者兼教練，我學到最大的一課是，好的教練就算不知道肌肉、心臟、骨骼和大腦怎麼運作，也知道什麼訓練會有效。像我這樣的運動科學家是後來才出現的，只是幫忙解答生理學的問題，並且為教練的指導補充原因而已。漢森訓練法是一套聰明並經過親身驗證的有效系統，而且我們知道為什麼有效，這些都塑造了漢森訓練的哲學。

　　為了讓你更了解這一套哲學，我們把它分為兩部分：教育和競

賽，教育是訓練的方法和理由，而競賽則是如何讓你真的跑得更好。

教育：訓練的方法和理由

你可能對訓練系統背後的詳細理由沒有太大的興趣，但稍微了解做這些訓練的原因很重要。漫無目的的無腦長跑和健身很容易失去熱情，應該自問「我為什麼做這項健身？」和「這麼做有什麼目的？」並得到答案。了解訓練背後的理由之後，不只遵從健身課表的意願會提升，還會把所學帶入未來的訓練之中。

一場跑得好的馬拉松，經常催生出一輩子的跑者，跨越初馬終點線後，你可能已迫不及待規劃下一次比賽。這也是為什麼我們想確保讓你了解訓練之所以重要的基礎原則，這樣你才能徹底地應用在往後的比賽和訓練中。我們的中心目標是給你成功的初馬訓練經驗，同時給你未來繼續跑步的工具。

競賽：如何競賽

每個人對競賽都有自己的定義，有的人是要贏得一場比賽，有的人是追求分齡組的頭銜，但說到馬拉松，很多人是為了無形的東西而比，像是自尊、自我價值和挑戰的勝利感。無論你對競賽的定義是什麼，漢森課表是為了訓練競賽選手而設計，你會學習處理不適和疲勞、克服挑戰並超越自己的極限。

漢森訓練系統只適合快速的跑者嗎？當然不是，我們的課表適合所有想跑得更快，而且願意全心訓練的跑者，無論你怎麼定義競

我們的訓練哲學

賽選手，本訓練系統是為了所有選手而設計。如果了解一週又一週的訓練絕不會徒勞無功，而且知道過程一定有血有淚，但相信站上起跑線時已經完全準備好比賽，那本訓練系統就是為你量身打造。我們希望跑者讀這本書，因為現在的你充滿激情、準備好啟程，而且對成功之路興奮不已。

訓練方法

在漢森馬拉松訓練法當中，有很多訓練是奠基於累加疲勞（cumulative fatigue）的概念。累加疲勞如其名所示，是從長時間的中等配速訓練發展出來的（相較於短跑產生的急性生理疲勞）。試想以最快的速度跑 5 公里路跑，最後你的肺感覺快燒起來，而雙腳軟得像果凍的狀態，這是非常明顯的不適感。但有一種疲勞是在幾個小時的慢跑後才會出現，和累癱的感覺完全不同。短跑的疲勞是由肌肉的副產物和廢物引起，而馬拉松的疲勞則是因為燃料耗盡。訓練身體耐受累加疲勞的時候，就可以為馬拉松這類長跑的需求做好準備。

訓練有四大要件可以改變累加疲勞的影響，少了任何一個，整個系統就會變得鬆散，你也會面臨受傷、過度訓練或失去熱情的危險，這四大要件是：

- ·訓練的平衡
- ·適當的強度
- ·訓練貫徹性
- ·足夠的跑量

訓練的平衡

說到馬拉松訓練，大家最關心的似乎是長跑，這是訓練的重點，所以很容易會覺得平日做什麼都不重要，只要週末能去長跑就好。你會有種「只要我能跑 20 英里，就一定跑得了 26.2 英里」的感覺。這種策略的問題在於，你只訓練了如何撐過馬拉松；但我們認為，只要訓練的方法對了，你不只能撐過去，還能愈跑愈強。

在我們看來，長跑在整體訓練中所占的地位常常被過度強調，而其他健身的重要性則被忽略。在我們的課表中，最長的訓練距離是 16 英里，這一點讓很多人意外且懷疑；但只要深入了解方法本身，以及圍繞長跑的其他訓練，你就會明白我們為什麼把長跑訓練限制在 16 英里。

我們認為長跑只是訓練拼圖的一塊，其他部分還有速度、馬拉松配速跑和輕鬆日，只要在對的時機加入不同的訓練成分，就能漸漸累積長跑的效果。長跑的時候雖然沒有能量滿點的感覺，但因為其他訓練對雙腿造成疲勞，此時傳來的疲勞感就類似馬拉松的最後幾哩路。這就是為什麼 16 英里對大多數使用我們課表的人來說，已經能提供足夠的長跑時間。這不是個隨意的數字，而是能在週間練到耐力又不會犧牲其他重要訓練的剛好距離。至於整體成效如何？我們已經從訓練過的運動員身上，印證了這種平均進行各種訓練的平衡計畫。接受並完成課表的人都發現，自己做到了從未想過有可能達成的事情。

適當的強度

漢森訓練法的平衡關鍵是在對的日子跑對的強度。新手跑者很

容易在輕鬆日跑得太認真，因為漸進式的訓練前期感覺上是相對輕鬆的。就連最有經驗的跑者也會在某些訓練上太過努力，把自己逼到過度訓練的程度。本書雖然會幫你計算正確的配速，但必須記住，你的直覺和感受也會影響適當強度的界定。

舉例而言，你會發現課表上輕鬆日的配速是一個範圍，代表如果那一天感覺不錯，可以選擇跑快一點。相對地，如果還因為前一個訓練感到疲憊，你可以選擇跑慢一點。雖然輕鬆跑日有時被當作垃圾里程，但它占了課表很大一部分，因此也很重要。當這些跑量以最理想的強度完成時，也促進了一系列良好的生理適應。

高強度訓練時，正確的配速也很重要，雖然是高強度訓練，也不代表你可以讓自己跑到累趴。例如間歇跑的配速是為了得到特定結果而設計，如果前幾趟反覆跑太快，導致後幾趟累了跑太慢，那你沒有一趟是按照指定的配速，也就無法得到訓練本來的效益。

訓練的目標是在數週和數月的時間內，同時增加距離和強度，初期在輕鬆跑日遵守輕鬆的配速，才能培養力量和耐力。加入高強度訓練後，輕鬆跑日會有主動恢復的功能，讓身體復原並準備下一次訓練。同理可證，如果你想盡量讓身體適應成為絕佳馬拉松跑者，那在高強度訓練跑得太快可達不到目的，本來的訓練規劃已經夠有挑戰性，不需要再更難一點。

適當的訓練強度不只對體能有益處，也會教你控制自己、自我警覺和保持耐心，還能培養天然的配速判斷能力，這些在比賽當日都會很有用。

訓練貫徹性

你可能已經猜到了，能空出愈多日子、星期和月份來訓練，效果愈好。但是，每天都有很多事情來瓜分我們的時間，要怎麼實踐訓練的貫徹性呢？

我曾有幸擔任奧運馬拉松選手的教練。除了天分，他們最大的共通點就是超群的貫徹性，最厲害的時候，他們能夠串連數週、數月甚至數年的時間，做扎實連貫的訓練。當然，大多數人不像專業選手有那麼多時間能投入，身為家長、配偶、一家之主和老闆，我們了解生活有時候無法盡如人意。因此我們不期望百分之百照表操課，但是我們期望你把訓練當作第一要務，在無法預料的每日生活中找到連貫訓練的方法。

採取前述兩大要件：訓練的平衡、適當的強度，會更容易達成貫徹性。而這第三要件：貫徹性，不只對課表很重要，也對身體適應很重要。從生理學角度來說，不連貫的訓練就連維持基準體能都成了無止盡的折磨。身體可以快速地在正確且連貫的訓練中適應，但只要幾週不連貫的跑步就會失去效果，例如連續二週訓練五天，體能就會有明顯的進步；但接下來如果連續兩週只跑兩、三天，體能就會退步。若想恢復原本的體能，就要再兩週連貫的跑步。最後，你會發現自己花了六至八週的時間只為了回到第三週的進度。

那要怎麼做到貫徹性呢？關鍵就是設定有挑戰性但做得到的目標，好的目標會促使自己每天出門，就算是不想跑步或根本沒時間跑的日子亦然。

提早規劃每週跑步行程對自我督促和貫徹性也有幫助，不要到了訓練當天早上才看課表，要為之後五至七天做好心理準備。當你

動筆寫下日程安排、輸入手機行事曆,或是在冰箱貼上便利貼的時候,你就能做好規劃,甚至避開一週內會阻撓訓練的障礙。如果知道週二早上有會議,那天就安排下班後再跑步。如果整個週末都有孩子的足球賽事,就在比賽間找空檔去跑。如果真的有計畫之外的事情發生,那就調整訓練,但是除非有必要,不要跳過不做,有做總比沒做好。

足夠的跑量

第四要件是足夠的跑量,在累加疲勞的過程中扮演重要角色,但「足夠」的意思是什麼?要跑多少英里才能為馬拉松做好訓練?籠統的答案是中長距離。想想看,為 5 公里賽事訓練的人,每週大約跑 5 公里的 4 ～ 6 倍,為馬拉松訓練的人當然也要跑超過 26.2 英里。馬拉松專業跑者雖然不會每週跑上 4 ～ 6 倍的距離(100 ～ 150 英里),但 2 ～ 3 倍是合理的數字(50 ～ 70 英里)。(請見表 3.1)

表 3.1　不同程度與比賽項目的週跑量

	新手跑者	專業跑者	菁英跑者
5 公里	20 ～ 30	40 ～ 50	90+
馬拉松	40 ～ 50	60 ～ 70	110+

如果你覺得 50 ～ 70 英里很可怕,其實你並不孤單。大多數準備訓練的人都知道要跑更長的距離,但大家都對自己是否能跑到所

需的里程沒有信心。你可以嘗試這個概念：從荒謬的目標開始，慢慢退至做得到的程度，如果目前一週 60 英里聽來很荒謬，那就從今天要做的事著手，並且只專注於今天就好。幾個月後，你會驚訝於自己做得到的事。

記住，只有用聰明的方法訓練，身體才能承受愈來愈長的里程。訓練時跑得太快、穿舊鞋訓練，還有太快增加跑步里程，都會讓原本的秩序脫軌。運動員只要給身體時間來適應新的訓練壓力，身體能做到的事情就會遠超出他們的想像。漢森課表的安排，會帶領你一次一階地爬上里程的梯子，漸進式增加訓練里程和強度，就像我們常對自己指導的運動員所說的話：「如果想要蓋房子，得先有穩固的地基。」訓練時所跑的里程就是地基，在這之上才能做其他調整和變化。

為了讓你跑足里程，我們不增加高強度訓練，反而安排更多輕鬆跑，漢森馬拉松訓練法會教你如何安全增加里程，同時注意配速以避免過度勞累。

有些訓練的設計是給跑者想要的東西但沒有需要的養分，這種訓練為了配合大家的空閒時間，會把一週跑量的一半放在週六和週日，另一半則散布在平日。因為把高強度訓練集中在少數日子裡，輕鬆跑日反而力不從心，集中高強度訓練的後果是更長的恢復時間，雖然這種訓練也教運動員要花時間輕鬆跑，但跑者很有可能太勞累而跑不完指定的距離。

使用我們的課表，只要搞定前三大要件：訓練的平衡、適當的強度、訓練貫徹性，跑量就會自然而然以適當的方式增加。

回到累加疲勞

　　訓練中的疲勞累積必須精細地平衡每個要件，只要缺少一個，整個公式就會歸零。每個要件相互牽連，不只建立在彼此之上也會互相強化，只要連貫進行平衡的輕鬆跑和高強度訓練，並且遵循適當的訓練密度，自然就會累積足夠的每週跑量。大多數情況下也能避免受傷或過度訓練，讓你在各個層面都維持在正軌上。

　　訓練會累嗎？當然，但重點是，「累」和「過度訓練」是截然不同的兩回事。馬拉松訓練並不簡單，也不能輕鬆以對。你可能為此咒罵幾句、錯過最愛的電視節目和放棄社交活動，但跨越終點線的時候絕對不會後悔。本課程是由傑出的教練開發，他們從其他傑出的教練身上學習，並且有數十年指導運動員的經驗，我們的哲學能讓你從想跑馬拉松的普通人，變成真正的馬拉松跑者。

　　我們能讓你做到。

我們的訓練哲學

第四章

馬拉松生理學

　　大多數訓練書籍都有生理學的章節，但裡頭的資訊不見得能讓跑者輕易了解和運用。有時我讀期刊論文或教科書，也很難想像一般跑者要如何實際活用這些內容。我總是會想：「一般人真的懂得做這些事的意義嗎？」如果連我都有這種疑問，那很多人應該也一樣。所以我決定寫一個會讓讀者感到「原來如此」的生理學章節。我想讓你闔上書的時候，能吸一口氣說道：「我懂了，我知道該做什麼事以及為什麼要這麼做了」。

　　太多資訊可能會讓人困惑，而我們（我是指教練、運動生理學家、白老鼠和知識型跑者）也常常為訓練過程想太多。知道太多不見得是好事，你不需要拿運動生理學博士也能得到更好的訓練。本

章節會教你相關的基礎生理學知識，讓你專注在訓練本身。了解每天跑步的生理學理由之後，對訓練也會更有信心，又沒有資訊過多的困擾。

身為運動生理學家和教練，我知道科學和現實有時候並不一致。我想利用本章節銜接兩者的差異，不只提供以科學為基底的原則，更重要的是連結到你現實狀態的表現。

你會發現我們精心打造了課表，涵蓋很多身體所需的生理調整，以成功跑完 26.2 英里。開始運用我們的訓練法之前，請記住下列原則：

- 馬拉松肌肉
- 最大攝氧量
- 無氧閾值
- 有氧閾值
- 跑步經濟性

馬拉松肌肉

說到生理學上最重要的部分絕對是肌肉組織系統。我們身上有超過 600 條肌肉在工作，產生運動和力，讓心臟跳動、眼球轉動、消化食物和雙腿跑步。肌纖維分成心肌、平滑肌和骨骼肌三個類型，心肌負責讓心臟跳動，布滿腸道的平滑肌負責推動消化系統內的食物，骨骼肌則在人體運動上扮演最重要的角色，是骨骼肌使我們得以跑步。

骨骼肌不只負責讓身體運動，也儲存了身上大部分的能量。這些

肌肉分為慢縮肌纖維和快縮肌纖維，後者還可以再細分成幾種亞型。每一條肌肉都含有慢縮肌和快縮肌，它們像電纜一樣捆成肌束，每個肌束內只會有一種肌纖維。肌肉是由上千條肌束組成，每條肌束都由一個運動神經元控制。*運動神經元位於中樞神經系統，**控制人體的肌肉和動作。

總之，肌纖維和運動神經元組成了運動單位（motor unit）。由於每條肌束只有一種肌纖維，慢縮肌束和快縮肌束會經由不同的運動單位接收到大腦傳遞的訊息。如果一個運動神經元受到刺激，肌肉就會輕微收縮，如果很多運動神經元受到刺激，就會產生更強力的肌肉收縮。

為什麼這些概念很重要呢？其實骨骼肌系統的結構決定了馬拉松能力，你愈了解自己的生理構造，訓練方法就會愈聰明。接下來讓我們進一步聊聊肌肉類型。

I 型肌纖維（慢縮肌）

家族遺傳對你的馬拉松潛力有深遠的影響，如果父母給了你大量的慢縮肌，你等於贏在起跑點。慢縮肌也稱為 I 型肌纖維，對耐力活動特別重要，因為它能有效率地運用能量，還能抵抗疲勞。慢縮肌是有氧的肌纖維，能用氧氣轉換能量，其密集分布的微血管提供了比快縮肌更多的大量氧氣補給。慢縮肌還有進行有氧代謝必須的粒線體，這個胞器有「細胞的發電廠」之稱。有了粒線體，你才能將脂肪和碳水化合物當作燃料，讓身體繼續跑下去。

慢縮肌恰如其名，收縮的速度比其他類型的肌纖維來得慢，提供耐力跑者很重要的功能。慢縮肌的施力無法與其他肌纖維相比，

但會以穩定的速率提供力量，而且能在長時間內製造大量能量。控制慢縮肌的運動神經元比較小，只需要較少的神經衝動就能收縮，所以開始跑步時最先收縮的肌纖維也是慢縮肌。除了收縮較慢，I 型肌纖維的直徑約只有快縮肌的一半；雖然慢縮肌又小又慢，但是有效率又持久，能在漫漫長路上抵抗疲勞。

II 型肌纖維（快縮肌）

快縮肌也稱為 II 型肌纖維，一樣由基因決定數量，是慢縮肌的對照組。快縮肌較大而快、充滿能量衝勁，但很快就疲累。由於所含粒線體很少，快縮肌必須以無氧（不使用氧氣）的方式轉換能量。這種強力收縮使用大量的高能量分子三磷酸腺苷（ATP），因此很快就會疲勞而變弱。這就是為什麼奧運百米金牌選手可以在 100 公尺直道跑出破紀錄的成績，而馬拉松金牌選手也可以在 26.2 英里內維持破紀錄的配速。兩種不同的肌纖維，得到兩種不同的結果。

II 型肌纖維還可細分幾個種類，其中最常見的兩種是 IIa 型和 IIb 型。[*][**] IIa 型也稱為中間型纖維（intermediate fibers），和慢縮肌有許多相同的特徵，都比其他類型的快縮肌擁有更多的粒線體和微血管。因此 IIa 型屬於有氧纖維，但能提供的收縮強度比慢縮肌來得大。IIb 型與 IIa 型相反，能大力收縮、無氧耗能，且迅速疲勞。表 4.1 列出了簡單的肌纖維類型比較。

*　　審訂注：應為同一類但為多個運動神經元控制。
**　審訂注：應為周圍神經系統。
***審訂注：運動生理學已將 IIb 型改稱為 IIx 型。

表 4.1　肌纖維類型比較

	I 型	IIa 型	IIb 型
收縮時間	慢	快	最快
抵抗疲勞	高	中	低
產生力量	弱	強	最強
粒線體密度	高	高	低
微血管密度	高	中	低
氧化能力	高	高	弱

工作系統

　　每個人都有 I 型和 II 型肌纖維，但分布情況差異很大，大多數人的手臂和雙腿分布大約 45 ～ 55% 的 I 型肌纖維，男女皆是。注重體能但沒有全心投入訓練的人約有 60% 的 I 型纖維，受過長跑訓練的跑者約有 70%，而頂尖馬拉松選手的 I 型肌纖維分布比例更高。難題來了，如果比較兩名跑者，甲跑者有較高比例的 I 型肌纖維，而乙跑者的 I 型和 IIa 型肌纖維分布都較低，甲跑者的表現一定比乙跑者更好，那乙跑者要怎麼跨越生理構造的障礙呢？

　　所幸不管是哪一個跑者，奇妙的身體都能適應各種不同的壓力。在運動生理學的領域內，「壓力」代表的是重複且密集的訓練，並且能引導生理適應。學者長期研究肌纖維轉換的關鍵，希望能找到讓乙跑者真的改變身體肌肉組成的訓練壓力。絕大多數的研究都沒有結論，但有一個共識，頂尖長距離跑者身上的 I 型肌纖維比例比一般休閒跑者還要高，必須要有這種纖維量才能有快速的馬拉松表現

（不同類型的跑者比較請見表 4.2）。我們不知道你的基因給了你什麼樣的肌纖維組成，也不知道能不能透過訓練壓力改變，雖然要談 I 型肌纖維轉換成 II 型還太早，但有研究顯示 II 型肌纖維之間能夠互相轉換。只需經過短短的 10 ～ 12 週訓練，跑者的表現就能從無氧、易疲勞的 IIb 型肌纖維轉換成有氧、耐疲勞的 IIa 型肌纖維，這對耐力跑者是個好消息，顯示訓練能引發明確的生理變化，創造表現優勢和實質進步，乙跑者仍有很多希望。

表 4.2　不同類型運動員的肌纖維組成

	I 型	IIa 型	IIb 型
短跑選手	20%	45%	35%
久坐不動者	40%	30%	30%
一般活動程度	50%	40%	10%
中距離跑者	60%	35%	5%
世界級馬拉松選手	80%	20%	<1%

肌纖維極大化

　　無論基因如何，訓練還是跑步表現的重要指標。為了讓肌肉在比賽當天依照你的希望回應，你必須訓練肌肉以特定的方式用力，一切的開始是中樞神經系統內的運動神經元，送出一個信號讓慢縮肌啟動，接下來會持續依靠慢縮肌跑步，除非發生以下三種情況：

1. 提高配速。

2. 遇到爬坡或其他形成阻力的情況。

3. 跑得太久，使慢縮肌疲勞。

依體能而異，有些跑者可以用中等配速跑 1 小時再用快縮肌，有些人能跑 2 小時才使用。你很有可能完全只靠慢縮肌跑完馬拉松前半場，慢縮肌疲勞後，身體會開始用體積較大的有氧快縮肌，即 IIa 型肌纖維。如果訓練得當，後半場靠 IIa 型肌纖維跑完綽綽有餘。雖然它們不適合用在耐力跑，卻是遞補已經疲勞的 I 型肌纖維的不錯選擇。如果跑者訓練不足，必須動用 IIb 型肌纖維第三道防線的時候，就會出現問題。要記得，這種肌纖維專門提供爆發力，而且很快就會疲勞，如果要靠 IIb 型肌纖維到達終點線，結果不會太好看。

我們的訓練法目的是將 I 型和 IIa 型肌纖維的使用極大化，避免使用 IIb 型肌纖維。雖然基因決定你天生適合做什麼，但訓練能放大你的潛力，不管 DNA 怎麼說，我們會教你怎麼做。

最大攝氧量（VO2Max）

說到馬拉松耐力潛能，如果肌纖維坐在駕駛座的話，那麼 VO2Max 就是副駕駛，不斷提供協助。VO2Max 是「最大攝氧量」（volume of oxygen uptake）的縮寫，其定義是跑步時身體能運送和使用的最大氧氣量，如果有人的最大攝氧量是「50 毫升／公斤／分鐘」，就表示他身體每公斤每分鐘攝取 50 毫升的氧氣。基本上，數字愈大愈好。（詳見補充欄「我該測最大攝氧量嗎？」）最大攝氧

量常被當作體能狀態的標竿，但是用來預測馬拉松的表現不見得最好，馬拉松菁英跑者的最大攝氧量其實比 5 公里和 10 公里的菁英跑者稍微低 ·點，不過就算不是最重要的潛能預測指標，最大攝氧量仍然是舉足輕重的一塊拼圖。

氧氣是經由血液運送到肌肉的，因此討論最大攝氧量的時候一定要談到心臟，心肌和骨骼肌一樣可以透過訓練加強，將更多血液送出去，也帶給肌肉更多氧氣。心臟適應訓練壓力的方式和雙腿肌肉一樣，耐力訓練會讓心臟出現幾種正向的適應，其中四種列在圖 4.1 當中，也描述在下方，這些是最大攝氧量的核心要素。

改善冠狀動脈血液循環。由於冠狀動脈供應心臟養分，血液循環改善就表示有更多血液流入心臟。

心室壁增厚，尤其是左心室。這裡是心臟將血液送到身體循環的位置，隨著心室壁增厚、收縮力道增強，就能將更多血液送入循環動脈中。

心室腔增大。能儲存更多充氧血，準備進入身體循環。

脈搏減緩。心肌強化後，就不必跳動那麼快也可達到相同功能。

結論是，能花較少的力氣，卻更有力地送出更多血液。由於心室增大能儲存更多血液，讓跑步時的心跳率整體下降，使身體系統

馬拉松生理學

更有效率且更健康。

圖 4.1　最大攝氧量的要素

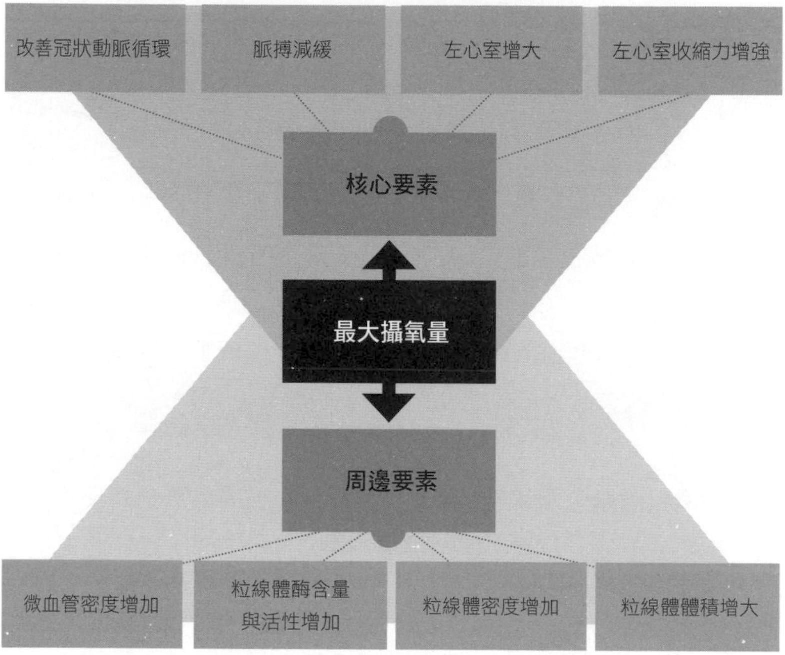

| 改善冠狀動脈循環 | 脈搏減緩 | 左心室增大 | 左心室收縮力增強 |

核心要素

最大攝氧量

周邊要素

| 微血管密度增加 | 粒線體酶含量與活性增加 | 粒線體密度增加 | 粒線體體積增大 |

　　心臟提供身體血液，其傳遞大量血液的功能愈好，血液中的氧氣送達跑步肌肉的效率就愈高。此外，產生適應的不只是心臟，連血液也會受到影響，耐力訓練其實也會增加血液體積。人體最常見的血細胞是紅血球細胞，也是氧氣運輸的主要工具。隨著耐力訓練，血比容（全血體積中的紅血球體積占比）會降低，代表整體血液體

積增加且黏稠度降低，能夠更輕易通過心臟和動脈。就像剛換的引擎機油和已經跑了 1 萬 5 千英里之後的機油對比。低血比容等於系統損耗也減少。因為紅血球的體積會隨著訓練變人，損失的載氧量也比較少，聽起來好像效率降低了，但那是因為血漿量增加，使得以體積百分比呈現的血比容降低，所以就算比例降低，紅血球細胞數量反而有可能增加。要知道，100 的 20% 是 20 個紅血球，而 500 的 15% 是 75 個紅血球，後者反而給你更多能量補給。

隨著耐力訓練，心臟成為更強力的幫浦，血液補給更多更快，但如果肌肉無法運用送上門的大量氧氣也沒有用。氧氣在動脈末端的微血管床抵達肌肉，有些微血管的尺寸小到一次只能讓一顆紅血球把氧氣卸載，接下來紅血球會回到心臟和肺臟重新滿載氧氣。很多微血管在休息的時候處於休眠關閉狀態，開始跑步後才會開通，讓肌肉接收更多的氧氣，以供應運動所需的量。

雖然加強最大攝氧量的核心要素很重要，但如果只有左心室增大輸出更多血液，而肌肉卻無法處理這個改變也沒有用。還好跑步肌肉如上述所言，會同時適應，如圖 4.1 所示，我們將肌肉的適應稱為周邊要素。

提高微血管密度。代表氧氣可以更有效率地在細胞間穿梭，讓運動肌肉能接收到繼續運動所需要的氧氣。

提高粒線體酶含量與活性。你可以把酶當成讓工作更輕鬆的工具，就像幫助你把沉重箱子推上門前階梯的斜坡一樣。酶能減少發生反應所需的能量，酶含量升高，粒線體的內

部反應就能以同樣的速度做更多的工作。

提高粒線體密度。粒線體將脂肪和碳水化合物轉化為運動的燃料，有愈多粒線體，就能燃燒愈多脂肪以維持有氧強度。

現有粒線體的體積增大。愈大的粒線體就能在同一個地方處理愈多的脂肪，如果能透過更多更大的粒線體處理脂肪酸，就能減少碳水化合物的使用需求，從而增加無氧系統的閾值強度（無氧系統仰賴碳水化合物提供能量）。

最重要的是，身體適應訓練的出色能力，它會竭盡所能去支持活動並且變得更在行，最大攝氧量雖然是有氧潛能的天花板，但無法決定整體表現。在有氧能力耗盡之後，你的無氧能力正蓄勢待發，因此還有其他生理因子會影響你能把馬拉松跑得多好。

無氧閾值

跑馬拉松非常依賴有氧系統提供的氧氣，相較於無氧系統更有效率且提供較強耐力，而強大且充滿爆發力的無氧系統因為不使用氧氣，只能提供短暫的衝刺，接著能量耗盡、乳酸堆積在肌肉而跑不動。高強度運動的副產物乳酸雖然有造成痠痛疲勞的惡名，但其實是肌肉能量的來源之一，讓肌肉能在撞牆期（bonking）之前擠出最後一點能力。研究指出，此時的疲勞其實是由其他生理現象造成，

真正的凶手其實是電解質鈉、鉀和鈣，這些電解質鄰近肌肉，負責放電刺激肌肉收縮。長期高強度運動下，細胞外的鉀離子會累積阻塞通道，無法與細胞內的鈉離子互換位置，導致肌肉收縮愈來愈弱，也稱為神經肌肉疲勞，很快地身體會變慢，運動戛然而止。

除了知道血液中的乳酸不是原本以為的凶手，我們還發現它在馬拉松跑步時扮演重要角色，有氧系統之所以能長時間支持中等配速，是因為出現在血液中的乳酸被同時處理和排除。但隨著有氧系統疲乏或是運動強度增強，你會更加依賴無氧系統，身體慢慢達到乳酸製造的速度超過排除的速度，這個臨界點稱為乳酸閾值（lactate threshold）、乳酸激增點（onset of blood lactate）[*]，或是無氧閾值（anaerobic threshold, AT），這是血液中乳酸開始累積的時間點。

無氧閾值非常重要，因為它是最好的耐力表現指標，大概發生在最大攝氧量的 60 ～ 90% 或以上時。所以愈接近最大攝氧量，血液中的乳酸就會開始累積，佼佼者的無氧閾值通常超過最大攝氧量的70%。最大攝氧量經過訓練只能稍微增加，但是無氧閾值卻能大大改變。一群菁英全馬跑者的最大攝氧量可能差不多，但是第一名和第十名的差異可能就在於無氧閾值。最大攝氧量可以區分國家級選手和休閒跑者，而無氧閾值能決定冠軍和其他參賽者。

達到無氧閾值時，有氧代謝路徑仍在提供肌肉收縮所需的能量，只是速度已經趕不上供應所有需求，此時無氧代謝路徑開始遞補，

---

[*]　審訂注：即乳酸累積起點（onset of blood lactate accumulation, OBLA）。

馬拉松生理學

因此可以透過訓練讓閾值升高。當我們跑得愈遠愈快以後，身體被教導要更加依賴有氧代謝路徑，藉此改善耐力和延後依賴無氧代謝路徑的時間。與傳統馬拉松訓練採用高強度無氧運動相比，我們的訓練法最大的不同，是教你使用大量有氧訓練來刺激有氧代謝。

有氧閾值

說了這麼多能量系統的事，你可能會疑惑能量一開始從何而來，最簡單的答案是脂肪和碳水化合物，身為馬拉松跑者，你應該訓練身體習慣將脂肪當作主要能量來源，為什麼呢？因為脂肪富含高能量，每公克提供的熱量幾乎是碳水化合物的兩倍，而且人體儲存很少量的碳水化合物以供快速能量使用，但脂肪庫存卻幾乎無窮無盡，就算體脂率很低，身體系統仍有大量能燃燒的脂肪。唯一的問題是脂肪氧化成為能量的速度比碳水化合物慢很多，大多數人能在最大攝氧量的 50% 之前將脂肪當作主要能量來源，因為此時脂肪被粒線體處理的速度還能供應跑步需要的能量。但對大多數跑者而言，最大攝氧量的 50% 實在慢得令人痛苦，超過這一點之後，身體轉而燃燒碳水化合物，由於脂肪必須用氧氣才能燃燒，所以身體開始使用碳水化合物的時刻稱為有氧閾值（aerobic threshold），圖 4.2 描繪了隨著跑步強度而變化的脂肪和碳水化合物使用。

這就是為什麼較快的配速都是由碳水化合物（肝醣）提供能量，依靠肝醣跑步的缺點是身上只有大約 2 小時的儲備量。一旦用盡，路跑也完了，儲存的肝醣燃燒完畢後，身體會使用血液中的葡萄糖，血糖消耗的速度更快，結果就是進入撞牆期。如果有看過馬拉松比

圖 4.2　在不同跑步強度下脂肪和碳水化合物的功能

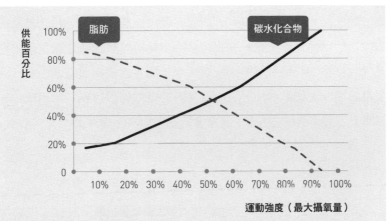

我們跑的強度愈高，就愈仰賴碳水化合物供能。當我們趨近 100% 最大有氧代謝能力，碳水化合物會變成唯一能量來源，使得碳水化合物成為限制運動長度與強度的因素。

賽，就有可能看過領先群、落後群或是中間任何跑者狠狠撞上那堵牆，他們的速度慢了下來，漸漸舉步維艱，好像身後拖行著一百多公斤的船錨似的。雖然大家一度認為撞牆期無可避免，但其實聰明的訓練計畫就能避開這堵牆，也就是延長燃燒脂肪的時間，同時延後使用儲備量有限的碳水化合物。

　　最佳馬拉松配速落在脂肪燃燒的範圍內，新手大約介於最大攝氧量 50 ～ 60%，受過訓練的休閒跑者通常是最大攝氧量 55 ～ 65%，而更快的選手則介於最大攝氧量 60 ～ 80%。

所幸對於抱負深遠的馬拉松跑者而言，身體能被訓練延長燃燒脂肪的時間。訓練不能改變燃脂的速度，所以為了多使用脂肪，必須燃燒更大的量，因此需要更多代謝工廠（前面說過的「細胞發電廠」粒線體）。慢跑這類有氧訓練有助於粒線體增加，藉此為系統帶來新的酶活性和氧氣，粒線體多，不見得可以加快能量生產，但是又大又多的粒線體就能讓脂肪氧化，產生讓肌肉收縮的能量。隨著來自脂肪的能量增加，肌肉儲存的肝醣就能保留到較快的配速。基本上，那堵牆被往後推了，幸運的話，根本不會撞上。

圖 4.3　跑步機測試的最大攝氧量結果

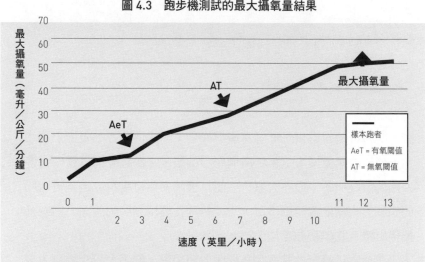

本圖為受過訓練的耐力跑者進行一般跑步機測試的結果，攝氧量隨著速度增加，直到最高速的時候轉平。

圖 4.4 乳酸製造和排除

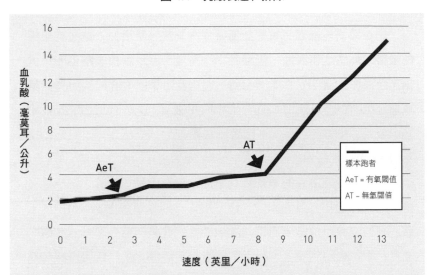

乳酸測試更清楚顯示圖表偏折的運動強度與最大攝氧量相同，約在時速 4 英里時出現第一次乳酸增加，代表對碳水化合物的依賴增加，在時速 8 英里時出現第二次更劇烈的增加，代表乳酸排除的速度趕不上製造的速度。

　　圖 4.3 呈現受過訓練的休閒跑者，經過最大攝氧量跑步機測試的結果。攝氧量隨著強度增強而呈現線性成長，達到閾值時，會在圖表上出現些微偏折。第一個折點是有氧閾值，第二個折點則是無氧閾值。圖 4.4 則呈現乳酸數值，每個固定的間隔測量一次乳酸之後繪製成圖表，可看見偏折點與閾值互相符合。

跑步經濟性

　　跑步經濟性描述特定配速需要多少氧氣，是馬拉松跑者應了解的最後一個生理學課題。先參考以下情境：A 跑者和 B 跑者的最大攝氧量都是 70 毫升／公斤／分鐘，A 跑者配速每英里 6 分 30 秒的攝氧量是 55 毫升／公斤／分鐘，而相同配速下，B 跑者可能需要 60 毫升／公斤／分鐘。因此，A 跑者比 B 跑者更具經濟性，大概也跑得更快。如圖 4.5 所示。

　　雖然跑步經濟性的效果頗具爭議，但有兩點很明確。第一點，跑步經濟性仰賴大量的訓練，你不需要立刻每週跑上 140 英里，但應該針對訓練目標跑出適當的訓練距離。此外，還必須考慮數週、數月和數年來的訓練量，新手會比老手不經濟，這與使用短距離訓練計畫的人比幾乎一週七天跑步的人不經濟同理。

　　跑步經濟性的第二個要素是速度訓練。針對特定的配速進行訓練，就能在那個速度變得更加經濟。由於我們的目標是增進競賽速度的經濟性，因此必須花充分的時間訓練競賽速度。這也是不應該以超過課表指定的速度訓練的原因。從實際路跑的表現來看，你可能還沒準備好提升速度，一旦訓練時跑得太快，反而不是為了目標速度而練，還會改變原本的訓練用意：輕鬆跑成了節奏跑、節奏跑成了強化跑，而強化跑成了速度跑。剛開始可能會覺得自己跟得上這些配速，但經驗告訴我們，大多數訓練時跑太快的人都會過度訓練、精疲力盡或受傷。如果你強烈希望能採用更快的速度訓練，那一定要跑一場比賽或是模擬賽，以確認自己已經準備好追求更高的

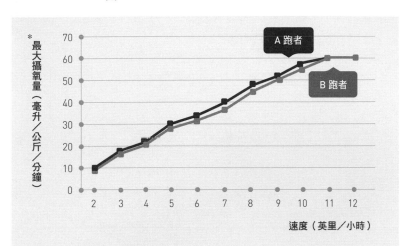

圖 4.5 類似能力跑者[*]最大攝氧量比較

與競爭對手的輸贏之間可能就差在跑步經濟性。此圖顯示 A 跑者和 B 跑者有相似的最大攝氧量，但 B 跑者每個速度都比 A 跑者少攝取一點氧氣，表示 A 跑者跑起來比 B 跑者吃力一些，這很可能是他們之間勝負的差距。

配速目標。

以生理學為基礎的訓練方法

如果懂得最佳馬拉松訓練包含的所有生理學要件，你就能了解做每項訓練的理由。隨著肌纖維適應跑步壓力，最大攝氧量會優化、無氧閾值也會進步，而高強度燃燒脂肪的能力也增加。換句話說，連貫適當的訓練會讓跑步更加經濟，身體裡微小的生物作用就是原

___
[*] 　審訂者注：應為攝氧量。

　　　　　　　　　　　　　　馬拉松生理學

因，微血管增加、粒線體數量和體積增加，以及粒線體酶活性增加，等於跑同樣的配速需要消耗的氧氣減少，在跑向 26.2 英里的訓練之路上，所有要件都會一一出現。

我該測最大攝氧量嗎？

你可能常常在運動生理學界和專業耐力運動聽到最大攝氧量，但是第一次跑馬拉松的人需要煩惱這件事嗎？答案是「看情況」。基本上，最大攝氧量是身體在愈來愈難的運動中攝取的氧氣量，測試時除了得到最大攝氧量之外，大部分還會得到有氧和無氧閾值，以及相關的心跳率。我為運動員測試的時候還會多做準備，順便看看他們在不同時刻的跑步速度。測試可以得到很酷的資料，但有沒有用呢？只要經過訓練，所有數字當然都會進步，你不需要測試來得出這個結論，真正有幫助的情況是在一段時間內做好幾次測試以比較之前的數值。但是花大把時間做測試其實不符合邏輯，因為測試需要戴著面罩從管路呼吸，同時還要使盡全力地跑，不讓自己從跑步機上跌下去。在這些條件下，你還能展現最佳實力嗎？很難，而且需要經過學習。此外，測試時的環境也受到控制，必須在室內的跑步機上進行，所以測出來的數值可能不同於在現實世界以相同強度訓練的情況。

大體而言，我會說測試只是一種備用工具，更好聽的說法是找出起點或檢查點的方法。如果你決定要測，我建議連呼吸交換率（Respiratory Exchange Ratio, RER）也一起測。這個資料能幫你判斷來自脂肪和碳水化合物的熱量比例，以及你在不同強度時消耗的熱量有多少。有了這些資料，就能處理能量增補問題，將增補分成數個可處理的部分，甚至判斷目標配速是否太高。取得數據和資料很有趣，但你不需要這些也能知道自己的體能好壞程度。

PART III——THE PROGRAMS

第三部　計畫

第五章

各就各位、預備⋯⋯

寫這本書的時候，我們預設讀者符合幾個條件。第一，這是你第一次跑馬拉松。第二，你是以完全恢復的全新狀態開始訓練，不是昨天剛結束路跑團的春季路跑訓練和比賽，今天就馬上開始馬拉松訓練，如果是這樣，還是先休息 5～10 天不要太劇烈跑步比較好。

雖然這麼說，但也有例外情況。針對正在為較短的距離而訓練，但是想要跳級到馬拉松訓練計畫的跑者，我們設計了特快車計畫。這是以原本較短的距離訓練為基礎，銜接上針對馬拉松的計畫。我們通常建議先減少原訓練量 25～35%，一週後再開始特快車計畫。

第三個條件是你的身體健康。別讓渴望戰勝了常識，如果有還沒復原的小腿問題，或是尚未痊癒的股四頭肌拉傷，那現在就不是

開始訓練的好時機。若是硬要帶傷訓練，很可能沒跑幾週就非停下來不可。所以只要有任何一點小傷，最好都在痊癒後再開始訓練，而且要確定並處理問題的根源，不能治標不治本，光只是休養可能不夠。

常見的初期陷阱

為了確保成功，充分休息且以健康的狀態開始訓練是很重要的一件事。但是經過數十年的教練經驗，我們發現有些事情是跑者在訓練初期做了無傷大雅，但進入針對比賽的階段（困難的部分）之後卻令人困擾。藉由提供這些前人的資訊，希望能讓你避免犯相同的錯誤。

第一個錯誤是用科學怪人的方式訓練。也就是從好幾個計畫裡只挑出喜歡的部分，胡亂拼湊出自己的訓練計畫。比如有些人很愛漢森的 16 英里長跑，但對 10 英里節奏跑興致缺缺。他們可能拿別的訓練計畫來取代節奏跑的部分，但問題是，16 英里長跑之所以有用，**是因為**有 10 英里節奏跑，單只是長跑可沒有效果。這樣拼拼湊湊的方法會導致訓練架構崩潰。一路遵從我們的課表並相信過程，會好過邊練邊實驗不同的計畫和訓練哲學。

第二個該避開的陷阱是在訓練初期過度一頭熱。如果你聽從我們的建議，以完全恢復的全新狀態開始訓練，在終於等到那一天的時候，你可能會有點太興奮。因為初期訓練的設計是延長跑步距離，接著才增加強度，你很可能會想跑得更賣力一點。但這麼做會導致累加疲勞比想像中還要早出現，讓處於疲勞狀態的時間過長，最後

各就各位、預備……

可能因此失控而進入過度訓練的境界。走到這個地步並不是沒有回頭路，可是一旦過度訓練，就要花大量時間才能恢復且重拾一般訓練。所以我們鼓勵大家在頭幾週收斂自己並放輕鬆，我們保證之後會有大把的時間能讓你賣力跑。學會保持耐心，能造就成功的馬拉松，所以學著對訓練有耐心也是初期很好的一堂課。

第三個陷阱也跟按捺激情有關係。開始長跑、速度跑、強化跑和節奏跑訓練（稱為「素質練習」[Something of Substance, SOS]）之後，跑者會出現「跑得快很好，那跑更快就更好」的想法。這麼想可就大錯特錯。我們說這叫「配速作弊」（cheating paces down）。如果我指定 10 公里配速，跑者可能會跑 5 公里配速。如果我指定馬拉松配速，跑者可能會覺得比指定的配速每英里快 15 秒更好。雖說有競爭心是好事，但發揮的時間和地點不對。我總是告訴運動員，一開始的訓練速度會比理想速度來得快，那是因為才剛設定新的目標。但隨著時間推演和體能進步，感覺就不會那麼快了，由於訓練量同時也在增加，所以就算配速已經不如以往困難，也不要自己往上加。

最後一個陷阱是罔顧天氣對訓練的影響。如果你瞄準的目標是熱門的晚春或秋季馬拉松賽，那就代表必須在嚴冬或酷暑開始訓練，因此比賽當日的天氣會比訓練時來得理想。假設你決定參加秋季馬拉松賽，目標配速是每英里 9 分鐘。由於大多數地區的秋季賽氣溫都會比夏季低上至少 30 度（華氏），當你在炎熱的夏季傍晚加快配速，以每英里 8 分 50 秒嘗試節奏跑時，可能等於用比目標配速每英里快 20～30 秒的速度在練。訓練初期尚未適應，加上體能也較差，所以加快配速一定會付出代價，遇上具有挑戰性的天氣時，就饒過

自己吧。如果覺得已經很努力還是跑得有點慢，也別擔心，現在就要恐慌還太早。

　　大腦要了解這些常見的陷阱可能很簡單，但身體要避免這麼做卻有點難。如果要讓聰明訓練法變成身體的一部分，就立刻記住下列三件事。

　　・了解體能訓練需要循序漸進。退一步看看大局，而不要拘泥於一天的訓練。
　　・總有不順利的時候，不要把自己逼得太緊。隔天振作重新來過，記住，從失敗中能學到的東西比一次就成功來得多。
　　・讓一開始的訓練輕鬆一點。每天對體能的要求都會提高一點，要先建立基礎。

　　落入陷阱的人很容易陷入延長的累加疲勞狀態，但理想的訓練是到了最後 6～8 週才進入這個狀態。末期的訓練強度不高，但是訓練量和針對競賽的訓練達到巔峰。跑者如果持續疲勞 10 週、12 週，或甚至 14 週，將會很痛苦。這個期間太長，累加疲勞也讓疾病、受傷或過度訓練有機可乘，但只要遵照計畫和聽身體的話，這些狀況就能全部避免。

配速檢查

如果你有速度魔人或前述「配速作弊」的傾向，可以試著把訓練加入 GPS 裝置並設定配速範圍。遇到輕鬆日就輸入已經決定好的範圍，遇到速度跑或強化跑訓練，可以試著給自己快慢多幾秒的空間。節奏跑能允許每英里 10 秒左右的空間。〔備注：第六章會詳細解說這些訓練。〕藉由給自己一個範圍，就能在維持進度的同時為自己留一些餘地。大多數情況下，智慧型手錶會在你超出設定配速時震動或發出「嗶」聲，如果你知道自己總是控制不住想超速，這個方法可以讓你時時自我檢查。如果連續幾週都不能維持在配速範圍內，那可能是必須退一步的徵兆。此時是學著不要依賴科技，而要利用科技的好機會。隨著練習時間增加，身體會慢慢記住不同配速的感覺，「嗶」聲警告也會愈來愈少出現。

各就各位、預備……

第六章
訓練計畫要素

　　很多人以為只要每週跑步三天，其中有一天能長跑嚴苛的 20 英里以上，就能完全準備好跑馬拉松。這種計畫因為聽起來簡單而非常吸引人，但是成功的準備其實遠不止於此。路跑並不是全都一樣，而長跑雖然重要，卻也只是幫助你成功跑完馬拉松的一整個體系裡的其中一個要素。

　　本書的計畫是為不同程度的跑者而設計，都是卓越的訓練計畫。漢森訓練原則一直不斷得到驗證，我們認為單獨強調一個要素，像是只強調長跑而忽略其他要素，通常無法成功抵達終點，這個論點也不斷得到證實。

　　本章將討論訓練課表，仔細看看哪些要素組成了初階訓練計畫、

只求完賽計畫、進階初馬計畫和特快車計畫。跑步訓練分為兩大類：輕鬆跑和素質練習。素質練習包含長跑、速度跑、強化跑和節奏跑（圖 6.1 分析一週的跑量由哪些訓練組成），每天進行不同的訓練計畫能鍛練到不同的身體系統，整體提升馬拉松潛能。

　　本訓練法的基礎是源自超負荷原則（overload principle），該原則指出，當人體從事破壞原本恆定狀態（體內平衡）的活動時，就會啟動一種恢復機制。不同的壓力來源使系統超載，刺激生理變化，而適應後就能反過來讓身體準備好面對下一次的壓力。這也帶出我們的訓練哲學所強調的累加疲勞，此概念完全著重於挑戰身體，但是不過頭（過度訓練）。

圖 6.1　週跑量的組成

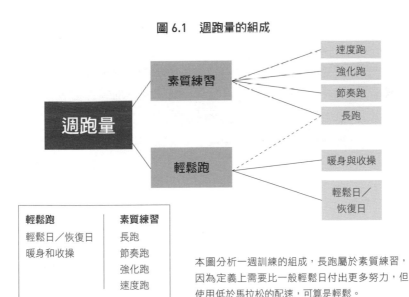

輕鬆跑	素質練習
輕鬆日／恢復日	長跑
暖身和收操	節奏跑
	強化跑
	速度跑

本圖分析一週訓練的組成，長跑屬於素質練習，因為定義上需要比一般輕鬆日付出更多努力，但使用低於馬拉松的配速，可算是輕鬆。

　　　　　　　　　　　　　訓練計畫要素

輕鬆跑

大家對輕鬆跑有很多誤解，以為只是用來填充跑步距離的訓練，甚至覺得輕鬆日可以選擇性進行，因為沒有什麼用處。別傻了，輕鬆跑對所有跑者的進步都很重要。這可是個好消息，因為這代表不是每次跑步訓練都必須累癱軟腳。輕鬆跑能在不會帶來痛苦的情況下提供很多重要的好處，可以用比素質練習較大的訓練量提供較多的超負荷。這樣可以使身體持續處於些微打破平衡的狀態，在避免受傷的同時，強迫身體適應壓力以增進體能。

輕鬆跑是所有訓練的基礎。一棟建築最多也只能和地基一樣大，尤其在跑初次馬拉松時，基礎是最重要的部分。現在的慢跑是為了以後有能力進行快速的訓練。

輕鬆跑的生理學

為什麼輕鬆跑很重要？看看它對肌纖維的影響吧。如同第四章所述，雖然基因給你的慢縮肌數量最終會決定你的馬拉松潛能，但訓練能改變現狀。輕鬆跑使用很多慢縮肌，因為和較強力的快縮肌比起來，慢縮肌的「啟動」（firing）或收縮閾值較低。與所有肌肉一樣，使用愈多就成長愈多，慢縮肌的抗疲勞能力讓我們在跑步時能依賴它久一點，延後快縮肌的完全使用直到路程後半，輕鬆跑能幫助抗疲勞的慢縮肌和類似慢縮肌特性的快縮肌成長。

此外，擁有愈多慢縮肌，就愈能為脂肪轉化為能量做好準備。燃燒脂肪是優勢，因為身體富含可運用的脂肪，但碳水化合物的儲藏量卻有限。延長燃燒脂肪的時間，就能延後消耗肝醣（碳水化合

物），同時延後可怕的撞牆期。跑步強度低的時候，身體使用的燃料大約是 70% 的脂肪和 30% 的碳水化合物。隨著配速增加，消耗碳水化合物的比例也會上升。輕鬆跑的日子可促進慢縮肌成長，從而教導身體使用脂肪取代碳水化合物。慢縮肌燃燒脂肪的能力比快縮肌強，因其含有較大量的粒線體、分解脂肪的酶，以及微血管。

　　為了供給脂肪當作訓練所需的大部分燃料，粒線體會長大且散布在肌肉之中。研究發現，經過 6 ～ 7 個月的訓練，粒線體的體積成長幅度最高可達 35%，而數量可增加 5%。這對跑者很有利，因為粒線體密度愈高，分解脂肪的效率就愈高。假設現在跑步時脂肪燃燒的量為 60%，經過一年的訓練，在同樣的配速下，脂肪的燃燒量有可能增加到 70%，而這只是訓練帶來的其中一個進步。

為什麼不能只做交叉訓練？

　　如果訓練目的是增進有氧體能，難道不能用橢圓滑步機（或其他非跑步健身器材）達成嗎？簡單的答案是可以。其實我們訓練跑者時，經常使用交叉訓練來連結每週跑步 3 ～ 5 天的跑者和沒有這麼做的跑者。但完整的答案是，交叉訓練無法取代原本的訓練，交叉訓練對於強健骨骼和韌帶的效果不及輕鬆跑。對大多數人而言，為了跑馬拉松，一週必須至少跑步 5 天才足夠。

　　　　　　　　　　　　　　　訓練計畫要素

輕鬆跑還有助於體內燃燒脂肪的酶增加。體內的每個細胞都有這些酶，它們隨時待命，在有氧活動時啟動，你不需要吃藥或開刀，身體自然就會燃燒脂肪。酶讓脂肪進入血流，再到達肌肉成為燃料。有了更多的粒線體和燃脂的酶，身體就能延長使用脂肪的時間，幫助你延後撞牆期並且跑得更長久。

　　微血管發展是輕鬆跑的另一個好處。由於跑步需要較大量的血液以供應全身氧氣，運動肌肉當中的微血管數量會隨著訓練增加。經過數月訓練，微血管床（也稱為微血管網絡）的成長量最多可達40%。相較於快縮肌，慢縮肌的微血管網絡更密集且提供更多氧氣。隨著慢縮肌的微血管密度增加，氧氣供應的量和效率都大幅上升。

　　除了運動肌肉，輕鬆跑也會產生其他的身體適應。我們知道身體會隨著工作量增加而需要更多氧氣，而供應身體更多氧氣的方法是供應更多血液。只要經過幾個月幾乎都是輕鬆跑的訓練，運動員身上負責攜氧的血紅素就會增加，伴隨血漿量增加 35 ～ 40%，這不只有助於供應氧氣，也幫忙帶走代謝過程產生的廢物。

　　輕鬆跑還會為生理系統帶來結構性改變，而且對跑馬拉松有利。不過如果缺乏強力幫浦將血液和氧氣送往全身，這些適應也不會帶來任何改變。心肌和骨骼肌一樣會隨著運動增強，具體而言，左心室體積會增大且心肌會增厚，提供更大的空間將更多血液從心臟打入動脈系統。這還能讓心臟休息，因為輸出等量血液的搏動頻率降低，無論在休息或是高強度運動的時候都是，如果比較剛開始訓練和訓練最後的心跳率，你會發現降低的幅度驚人，這再次表示身體系統變得更有效率。

　　另一個主要的生理適應是跑步肌肉的肌腱，身體落地承受的力

是體重的數倍，跑得愈快所承受的力也愈大。透過輕鬆跑的逐漸訓練，肌腱和關節會慢慢適應加諸於其上的力道，才能應付之後快速跑的訓練需求。

輕鬆跑激發的身體適應能促進較高的最大攝氧量、無氧閾值和跑步經濟性。快速的無氧訓練對肌肉的有氧能力和耐力效果有限，但大量輕鬆跑卻能讓有氧能力突飛猛進。無論你想要強化心臟、將更多氧氣運送到運動肌肉，或只是想用相同配速跑得更久，所有證據都指出，應該將大量輕鬆跑加入訓練之中。

輕鬆跑準則

輕鬆跑的定義是持續 20 分鐘至 2.5 小時，並以最大攝氧量 55 ～ 75% 的強度進行的跑步。由於大部分人沒有測得最大攝氧量的方法，次佳的方法是看配速。課表安排輕鬆跑的配速應比馬拉松目標配速每英里慢 1 ～ 2 分鐘，如果你的馬拉松目標配速是每英里 8 分鐘，那你的輕鬆跑配速應為每英里 9 ～ 10 分鐘。輕鬆跑雖然是訓練的必要部分，但也不能太輕鬆，如過配速過於緩慢，你只是單純在破壞肌腱和骨頭而沒有任何有氧效益，詳細準則請見表 6.3。

輕鬆跑有一部分是「快」的輕鬆跑（比馬拉松配速每英里慢 1 分鐘），也有一部分是「慢」的輕鬆跑（比馬拉松配速每英里慢 2 分鐘）。暖身和收操是跑慢速的兩個時機，此時的目的是銜接沒有跑步和跑步的狀態。暖身時建議從非常慢的配速慢慢加快到快速，收操時建議維持慢速。素質練習的隔天，你也許會選擇慢配速。比如週日長跑而週二要強化跑，那週一應該輕鬆一點，以確保身體恢復，隔天能好好訓練。新手跑者如果將輕鬆跑維持在比馬拉松配速

每英里慢 2 分鐘，就能安全銜接更長的跑步距離。進階跑者則甚至在素質練習後都可能進行快速的輕鬆跑。節奏跑的隔天及長跑的前兩天，都是採用比馬拉松配速每英里慢 1 分鐘的好時機。

無論新手或老鳥，輕鬆跑時都要遵守計畫。享受輕鬆日，看看路邊風光或者跟朋友一起去跑，同時知道自己的身體能獲得一籮筐的好處。除此之外，身體經過輕鬆美好的跑步後，會渴望接受挑戰，準備好進行下一次的素質練習。

對於只求完賽計畫的跑者，訓練內容只會有輕鬆跑和長跑（下面將會討論）。如果目標只是跨越終點，可能會對時間不太在意。

愈快真的愈好嗎？

說到輕鬆跑，跑者會出現「跑得快很好，那跑更快就更好」的想法，但馬拉松訓練時不見得如此。計畫上寫著比馬拉松配速每英里慢 1 ～ 2 分鐘時，就真的要減慢。你可以憑當天的感覺，在配速範圍內選擇要跑快一點還是慢一點。原則就是，素質練習日要很硬，而輕鬆日要輕鬆。如果你總是強迫自己跑快的配速，受傷和筋疲力盡的危險就大大增加。輕鬆跑有一個重要的理由是在增進有氧能力的同時，還能恢復素質練習日的疲勞。如果已經覺得累，還是用比馬拉松配速每英里慢 1 分鐘或更快的速度，那輕鬆跑就失去讓身體恢復的功能，對你的好處也減少了。

由於缺乏可參考的資料，使得找到適當的輕鬆配速比較困難。你需要反覆試驗幾次，憑感覺去跑，比如先用每英里 10 分鐘的配速跑跑看，如果覺得難度太高，就在輕鬆日放得更慢一點。這個過程別具意義，不僅教導跑者聽身體的話，也在體能改善的同時明白自己能做到的事情超乎原本想像。

素質練習

長跑

　　在馬拉松訓練中，長跑比其他要素更受矚目，訓練中的跑者都將其奉為狀態指標，用來與其他對手比較。令人驚訝的是，現在有很多長跑的訓練法其實在誤導跑者。在幾週跑量相對較短的訓練後，一些計畫建議咬牙苦撐長跑，聽起來比較像是在冒險而非有效的訓練。經過一週只跑 3 天的訓練後，來一個 20 英里長跑，這不只打擊士氣，還容易受傷。你會對長跑打一個大問號，不確定自己能不能撐過去，但還是咬牙去做。雖然有很多實例和研究證據反對這種訓練法，但 20 英里以上的建議還是很盛行，無論每個人的能力和目標是什麼，這簡直成了馬拉松跑者的神奇數字。的確有很多人靠這種訓練抵達終點，但我們提出不同的方法，不只能讓你更享受訓練過程，還能更有效率地跑完 26.2 英里。

　　我們的長跑方法可能聽起來很激進，但其根基是建立在實驗室和道路測試的結果上。研讀過運動科學文獻、與凱文和凱斯一起教導過菁英運動員，並且在自己的訓練中實驗過理論之後，我發現有必要修改馬拉松訓練的長期信念，尤其是長跑訓練的部分。因此，

16 英里長跑是標準漢森課表最長的訓練距離。但有一點要注意，凱文和凱斯最喜歡說長跑「可不是馬拉松一開始的 16 英里，而是最後的 16 英里」。他們的意思是，訓練會模擬跑馬拉松時的累加疲勞，但不會讓你完全軟腳。你不必在長跑後花一週恢復，但要在長跑前先做準備。

我們來看看包含週日 16 英里長跑的初階訓練一週課表（頁126 ～ 127，第 15 週）。在長跑前，你得先在週三進行強化跑，週五則是距離較短的輕鬆跑，週六是距離較長的輕鬆跑。長跑前不會給你整整一天休息，因為輕鬆跑的同時，身體就會恢復。沒有哪一天的訓練會耗光體力讓你抬不起雙腳，因此經過一段時間才能感受到累加疲勞的效果。課表只讓你部分恢復，就是為了在長跑前不讓你有充分休息充飽電的感覺。週日的長跑之後，週一會有一天輕鬆跑（有的課表則是休息一天），週三再進行素質練習。剛開始可能會覺得太多，但因為長跑的配速和距離都是依照個人能力和經驗量身規劃，所以需要的休息恢復比較少。

長跑的生理學

長跑對心理和生理的助益良多，與輕鬆跑的優點有許多相關之處。在心理層面上，長跑透過一週週增加距離，幫助你慢慢建立自信，發展出面對所有耐力活動的必要技能，也教你在狀態不夠好的時候仍要堅持不懈。沒有人知道比賽當日會發生什麼事，所以這一課很重要。除此之外，長跑產生的生理適應更值得重視，最大攝氧量會增加、微血管會增多、心臟會變強，身體細胞也會提升將脂肪當作燃料的能力。接受長跑訓練時，身體會適應並學習儲存更多肝

醣，讓你在能量耗盡前跑得更久一點。

除了增加肌肉儲存的能量，長跑還能加強肌力，雖然身體會先使用慢縮肌，但在慢縮肌疲勞之後還是會使用快縮肌。如果不進行強度訓練，那訓練快縮肌的唯一方法，就是跑到慢縮肌疲勞。所有肌纖維都強化之後，就能避免比賽當日碰上撞牆期。目前為止，大部分的身體適應聽起來都很熟悉。從長跑的訓練中，你將能獲得許多和輕鬆跑一樣的好處。

長跑準則

我們的長跑哲學基礎來自知名跑步教練傑克‧丹尼爾斯（Jack Daniels）博士的建議。他建議跑者無論是為 5 公里還是為全馬訓練，長跑時都不要超過整週距離的 25 ～ 30%。他補充，應該把長跑訓練時間限制在 2.5 ～ 3 小時，超出這些條件對身體沒有助益，還可能導致過度訓練、受傷和筋疲力竭。

喬治亞州立大學的跑步研究人員兼美國國家代表隊顧問戴夫‧馬丁（Dave Martin）博士，甚至建議長跑時間應介於 90 分鐘至 2 小時之間。他也提出高階馬拉松跑者應訓練 18 ～ 25 英里的長跑，但是要知道，這個程度的跑者能在 3 小時內完成 25 英里的路跑。他強調的是考量長跑配速的重要性。美國國家代表隊教練兼科學家喬‧維吉爾（Joe Vigil）博士也支持此概念，建議在 2 ～ 3 小時的時限內慢慢增加長跑距離。菁英跑者能在 3 小時內跑完 25 英里，而經驗較少的跑者或許要用 3.5 小時以上，兩者之間得到的生理調適肯定不一樣。

根據南非學者兼作家蒂姆‧諾克斯（Tim Noakes）博士的見解，

訓練計畫要素

簡單至中等的路跑約使用最大攝氧量的 70～85%，以此強度持續 2 小時以上，會最大程度地消耗肝醣。運動生理學家大衛‧科斯蒂爾（David Costill）博士也提過，2 小時的長跑會消耗高達 50% 的肝醣。這個消耗速度雖然在比賽日可以接受，但是在訓練週期之間卻只會拖累你，因為肝醣需要 72 個小時才能復原。消耗了儲存的能量之後，你可能因此疲勞到不得不休息、錯過重要的訓練，或是冒著受傷的風險拖著疲勞的雙腿訓練。為了避開報酬遞減的風險和任意規劃 20 英里的長跑，我們著眼於跑步距離的比例和總跑步時間。16 英里通常是我們建議的最長距離，但我們更重視以一週總距離和長跑配速來決定你的長跑訓練。聽起來或許和傳統方法不同，但你會發現我們的建議從不隨便，全都基於科學和經過證實的結果。

教練界普遍認為長跑不應超過一週距離的 25～30%，即使如此，很多馬拉松訓練計畫為了填塞距離，都忽視這個原則。比如最多一週 40～50 英里的起步計畫，卻建議跑 20 英里的長跑，明顯違反了原則。雖然這趟長征通常夾在輕鬆日和休息日之間，仍無法改變長度超過一週距離 50% 的事實。想知道自己基於一週距離的長跑應該多遠，可以從表 6.1 算出來。

表 6.1　不同訓練量的長跑距離

	訓練量的 25%	訓練量的 30%
40 英里／週	10 英里	12 英里
50 英里／週	12.5 英里	15 英里
60 英里／週	15 英里	18 英里
70 英里／週	17.5 英里	21 英里

數字顯示出馬拉松訓練必須付出極大努力，不應該以有勇無謀的方法進行，也明顯指出很多訓練計畫沒有抓到長跑的重點。如果你是新手或短距離跑者，長跑就一定要調整。適合一週 80 英里跑者的訓練，可不適合一週 40 英里的人。

除了每次長跑可選擇距離，你必須遵從一定的配速才能獲得功效。每個人跑相同的距離都用了不同的時間，所以依照速度調整長跑很合理。研究顯示，長跑 2 ～ 3 小時是最佳進步時間，超過的話，肌肉會開始崩潰。表 6.2 顯示以不同配速跑完 16 英里和 20 英里需要多長的時間。

依據表格顯示，跑者以每英里 7 分鐘的配速跑 16 英里，在 2 小時內就能完成；使用每英里 11 分鐘配速的跑者則需要將近 3 小時。所以計畫跑得比每英里 9 分鐘配速慢的人，顯然要避免 20 英里的長跑，這就是 16 英里的由來。依照漢森馬拉松課表的距離，16 英里長跑最符合一週距離比例和總跑步時間。

表 6.2　不同配速的長跑時間

配速（分鐘／英里）	16 英里	20 英里
7 分鐘	1 小時 52 分	2 小時 20 分
8 分鐘	2 小時 8 分	2 小時 40 分
9 分鐘	2 小時 24 分	3 小時
10 分鐘	2 小時 40 分	3 小時 20 分
11 分鐘	2 小時 56 分	3 小時 40 分
12 分鐘	3 小時 12 分	4 小時
13 分鐘	3 小時 28 分	4 小時 20 分

訓練計畫要素

速度跑訓練

速度跑讓馬拉松訓練變得更有趣。速度跑就是指間歇訓練，也稱為反覆訓練，必須以高強度跑好幾段固定距離，中間夾雜恢復跑。這類訓練不只有益於前面提過的重要生理改變，也教導心理處理困難的挑戰。輕鬆日通常壓力很小，但速度訓練需要你認真面對並使出全力。訓練的好處之一是紀律。假如你前一晚狂歡到深夜，第二天早上或許還能完成輕鬆跑；但是如果速度跑想要得到最好的效果，你必須好好吃頓晚餐而且早早上床睡覺。無論你為了訓練犧牲多少，在最好的情況下，你都會獲得十倍以上的收穫。每完成一次速度跑，就像在戶頭裡存了一點錢，以後遇到馬拉松的艱困時期就能運用這些資源。

很多新手跑者幾乎沒有做過反覆跑或間歇跑的速度訓練，所幸無論是否為了馬拉松而訓練，我們的計畫所提供的入門課程都能使用，可以引導跑者進行較難的訓練。學會如何正確執行速度訓練後，就能從漫無目的的訓練轉變為加強體能，並且進行有目標的進擊計畫。速度訓練還能預測跑者的馬拉松能力，先讓你準備好完賽 5 公里或 10 公里路跑，把比賽成績帶入完賽時間對照表就能得到預測的馬拉松完賽時間（見表 9.1「完賽時間對照表」）。此外，還能讓弱點顯現出來，給你提早想方法解決的機會。

不管是老鳥還是菜鳥，都不要輕忽速度跑。與其他類型的訓練一樣，速度跑也是很重要的一部分，能讓身體隨時處於備戰狀態，還能要求身體不斷適應各種不同強度和距離的訓練。

長跑該採用什麼樣的配速？

長跑配速因跑者的訓練等級而異。如果主要目標只是跑完 26.2 英里就好，配速就不太重要了。長跑的主要目的是用可以全程維持的配速跑完，如果有興趣對配速做實驗，我們建議選擇輕鬆跑配速範圍較慢的一端。不過如果已經對長跑和訓練有經驗，那可以嘗試用輕鬆跑配速範圍較快的一端。

速度跑的生理學

速度訓練最大的贏家是使用到的肌肉。訓練期間，不只慢縮肌最大限度地運動提供有氧能量，中間肌纖維也被充分運用。這樣會強迫慢縮肌盡全力發揮有氧能力，直到疲勞後，也訓練中間肌纖維接手。由於肌肉協調變好，跑步經濟性也會提升。跑步經濟性會受速度訓練和輕鬆跑的所有要素刺激。這是指在特定配速的時候，身體攝取氧氣的效率。記住，預測比賽成績時，經濟性比最大攝氧量更準確，所以經濟性提升對成績會有很大的影響。

速度訓練帶來的另一項身體適應是肌紅素（myoglobin）增加。研究發現，讓身體多製造肌紅素的最佳方法是透過高強度的跑步（超過最大攝氧量的 80%），肌紅素的運作方式類似血紅素將氧氣帶入血液，能協助將氧氣運送到肌肉和粒線體。有了肌紅素的幫忙，就能應付氧氣需求增加，以配合微血管運輸和粒線體的需求。

訓練計畫要素

高強度運動也能提高無氧閾值。簡單來說，速度間歇跑提供二合一的功效，能同時提高無氧閾值和最大攝氧量。最後，由於速度跑需要以將近最大攝氧量 100%（但不超過）的高強度跑步，肝醣存量會被快速消耗，訓練時肝醣提供的能量比例會上升至 90%。如此一來，肌肉會被強迫適應儲存更多肝醣，以備下一次訓練使用。

速度跑準則

　　速度訓練安排在計畫的初期，後半段則著重於針對馬拉松的訓練。以我們提倡從基礎建立體能的觀點來看，訓練初期進行速度跑似乎違反直覺，但是如果用對的速度執行訓練，把速度跑擺在初期就有道理了，為什麼呢？因為與比賽最相關的訓練應該在接近比賽的時候準備。如果你準備跑 5 公里，那當然要在接近比賽的時候進行速度訓練。但若是準備馬拉松，訓練時跑到 22 英里，只剩 4 英里才進行快速反覆跑的意義實在不大。而且在訓練初期進行速度訓練，也能先從較短的距離慢慢轉換到馬拉松訓練全開模式。

　　與其他訓練一樣，正確的配速對速度訓練很重要。很多教練說到速度訓練時，是指最大攝氧量 100% 的運動。但在現實中以最大攝氧量 100% 的配速跑步，只能維持 3 ～ 8 分鐘而已（新手實際上大約能跑 3 分鐘，而菁英長跑健將可能可以撐到 8 分鐘）。以最大攝氧量 100% 以上的配速訓練，會導致肌肉結構崩潰，並迫使身體依賴無氧的能量來源，不只對無氧系統壓力過大，也無法讓跑好馬拉松所需的有氧適應發生。在我們的訓練計畫中，速度是基於 5 公里和 10 公里比賽的目標時間，這兩種路跑的持續時間都遠超過 3 ～ 8 分鐘，跑步時最大攝氧量約介於 80 ～ 95% 之間，而不是 100%。這個強度

的訓練不會因為跑得太快而出現嚴重酸中毒（因血液中高濃度的乳酸造成肌肉 pH 值低落的情況）。我們跟其他計畫不一樣，建議以稍微低於最大攝氧量 100% 的配速執行速度訓練，以激發最多的生理適應。如果以更快的速度來跑，反而會抵消好處且提高受傷的危險。

　　快速間歇跑的持續時間也很重要，最佳的時間介於 2 ～ 8 分鐘之間。如果太短，花在最佳強度的時間會太少，反而浪費訓練時間；如果太長，乳酸會堆積，讓你累到無法以預期配速完成訓練。因此快速間歇跑的持續時間應根據個人能力和經驗調整，例如 400 公尺反覆跑，每一趟持續約 2 分鐘，可能非常適合新手。但是對於進階跑者而言，400 公尺反覆跑所需時間可能會比新手少 25%，持續時間縮短也讓效益打折。

　　恢復是速度跑的另一個關鍵，讓你能適度休息以完成下一趟訓練。恢復的原則是休息時間應為反覆跑持續時間的 50 ～ 100%，比如說，反覆跑持續 2 分鐘，那恢復應介於 1 ～ 2 分鐘之間。不過我們比較喜歡讓新手在速度訓練初期休息久一點，這樣才能撐過整個訓練。記住，如果累到無法進行恢復用的慢跑，就表示你把自己操過頭了。訓練的目的是累積處於理想強度的時間，如果在反覆跑時太過頭導致無法在恢復期慢跑，那麼下一趟快跑很可能也無法以理想的配速進行。總而言之，快速的間歇跑涵蓋暖身、收操和恢復，訓練總量應該是 3 英里的高強度跑步。如果無法達到 3 英里，就表示你的訓練超過自己的能力，因此得不到已經討論過的生理適應。

　　速度跑的課表介紹列在第七章，注意訓練一開始反覆跑的持續時間是從短慢慢延長，一旦抵達梯子的頂端（持續時間從最短到最長），就能自由選擇最適合自己的訓練。

如果從沒做過速度訓練，我們強烈建議你加入當地的路跑團，有經驗的教練和跑者可以在你第一次做速度訓練時示範，免除自己一個人揣測和不安。除此之外，當地的跑步路線是這個時期的好朋友，因為沿途做了記號、一致而且平緩。

速度訓練解碼

2 英里暖身、以 5 公里配速跑 6 趟 800 公尺、400 公尺恢復跑、2 英里收操

路跑老手和跑過高中或大學路跑的人可能馬上就能了解這個訓練，但從沒跑過間歇跑的人可能完全看不懂。讓我們分解如下：

2 英里暖身：連續 2 英里的輕鬆跑當作暖身，讓身體準備好進行訓練。

以 5 公里配速跑 6 趟 800 公尺、400 公尺恢復跑：以 5 公里目標配速跑 800 公尺，中途不能停下來或用走的，再以輕鬆的恢復慢跑完成 400 公尺，完成後再次以 5 公里配速跑 800 公尺，接著跑 400 公尺恢復跑，重複直到跑完 6 次 5 公里配速的 800 公尺。

2 英里收操：連續 2 英里輕鬆跑收操，在高強度訓練後讓雙腿放鬆。

強化跑

經過幾週定期速度跑訓練，肌纖維和生理系統都適應得不錯，並且準備好進行更多針對馬拉松的適應。強化跑加入課表之後，訓練目標從改善最大攝氧量（以及無氧閾值）變成維持最大攝氧量，同時讓身體為跑馬拉松會出現的疲勞做準備。你會發現，隨著強度訓練開始，節奏跑和長跑也變多，此時跑者做的每一件事都是為了馬拉松而準備。

我們說的強度訓練可不是在重訓室密集健身、舉重或活動肌肉，而是著重強度勝於跑量的跑步，目標是給有氧系統高度壓力。速度跑的設計是簡短以避免乳酸堆積，但強化跑是故意強迫跑者適應，在中等濃度的乳酸狀態跑更長的距離。

強化跑的生理學

經過一段時間後，強化跑會增進無氧能力，讓身體耐受更高濃度的乳酸，並且在高強度運動時減少乳酸生產。訓練初期，身體會因為乳酸堆積而罷工，但強化跑會幫助肌肉學習如何在不適之中運作。不只如此，還會訓練運動肌肉排除乳酸的能力，改善跑步經濟性讓你在同樣的配速下減少消耗的氧氣量。強化跑會提升一種生理學家所謂的「最大能力的部分利用」（fractional utilization of maximal capacity）*，在實用層面能讓跑者延長高配速的時間，進而提高無

---

*　　審訂者注：即使用較高的最大攝氧量。

　　　　　　　　　　　　　　訓練計畫要素

氧閾值。對馬拉松而言，肝醣會被儲存起來，你就能維持最佳馬拉松配速更久且避免疲勞。

上述適應都以心室增大為起點，心臟在強度訓練時需要比輕鬆跑時跳得更快更用力。雖然比不上速度訓練的程度，但是持續高強度的時間延長很多，使心肌變強壯和心室變大，代表心搏輸出量變多（心搏輸出量是指每一次心跳，左心室送出的血液量）。這樣的好處是有更多血液被送到運動肌肉，等於有更多氧氣被送出去。除此之外，強化跑會動用到中間肌纖維，增加其有氧能力，讓肌肉在高速跑步時生產的乳酸變少，而產出的乳酸還能回收再利用成為燃料。訓練的實際目標是習慣以接近無氧閾值的高配速跑步，改善經濟性和耐力。

強化跑準則

大部分跑者的強化跑反覆跑密度會落在最大攝氧量 60 ～ 80% 之間，比速度跑稍微慢一點。但是速度跑一趟較短，恢復期適中，強化跑一趟是雙倍的量，恢復期相對短很多。強化跑的配速設計是比馬拉松目標配速每英里快 10 秒。如果你的目標配速是每英里 8 分鐘，那強化跑配速就是每英里 7 分 50 秒。跑者愈快，強化跑配速與半馬配速愈相近。但對新手而言，強化跑配速約介於目標全馬配速和半馬配速能力之間。雖然看似沒有變快多少，但如果放眼馬拉松全程時間，就會發現有巨大改變。比如你的目標配速是每英里 8 分鐘，完賽時間大約是 3 小時 30 分，如果只是每英里快 10 秒，改用每英里 7 分 50 秒的配速來跑，完賽時間會在 3 小時 25 分之內。完賽時間縮短，會讓乳酸大量增加，就算從密度來看強化跑好像不累，但

是配合訓練量和較短的恢復期，就足以刺激乳酸堆積和正向適應。

恢復是強化跑的成功關鍵，為了維持特定乳酸濃度，恢復跑的距離與反覆跑的持續時間有一定比例。比如 6 趟 1 英里的強化跑，每趟需要 400 公尺的恢復慢跑。如果反覆跑配速是每英里 8 分鐘，恢復跑最後會在 2 分 30 秒至 3 分鐘之間，總和是反覆跑持續時間的 50% 以下。因為反覆跑的強度不算太高，你可能會想超過指定的配速。此時要想想，理想的身體適應只會在指定的配速發生，跑太快可達不到目的。

強化跑的總距離很長，可以考慮找有里程標記的自行車賽道或操場進行訓練。路跑路線雖然也可以使用，但訓練可能會變得單調且較容易受傷，還要記得訓練前後慢跑 1.5 ～ 3 英里暖身和收操。

節奏跑

節奏跑是所有耐力訓練計畫的必備成分，它有很多定義。對我們的計畫目的而言，節奏跑是馬拉松配速跑，幫助你體驗在不同情況下以比賽配速跑步的感覺。訓練課表裡的節奏跑會分散在數月之間，要求在各種挑戰和情況下維持比賽配速。

把配速內化是訓練當中很難學習的課題，如果你起跑時感覺很棒，用比原定配速每英里快 30 秒的速度去跑，很有可能中途就想舉白旗投降。從來沒有哪一次完賽破紀錄是透過前段加速（positive split，即後半跑得比前半慢）達到。簡而言之，想要有成功的比賽表現，最好全程維持穩定的配速，而不是採用「自殺式」跑法。節奏跑會教你重要的控制技巧，就算你覺得目前配速很輕鬆，節奏跑會訓練你節制並維持。除此之外，節奏跑也是實驗不同水分、能量膠

訓練計畫要素

和其他營養品的好時機。因為以馬拉松配速跑步，你可以輕鬆了解此時身體做得到和做不到的事情。穿戴的裝備也是相同道理，可以利用節奏跑的時候嘗試不同鞋子和衣著，判斷哪些讓你跑起來最舒服，無論多充分訓練，這些事如果準備不好，都有可能毀了比賽，而節奏跑提供絕佳機會微調比賽當日的計畫。

節奏跑的生理學

　　節奏跑和輕鬆跑及長跑一樣，都會改善耐力。節奏跑雖然比輕鬆跑還快，但都遠在無氧閾值之下，因此提供很多相似的適應。距離較長的節奏跑和長跑的效益也類似，因為有氧系統以相近的方式運行，尤其是從生理學的角度來看，節奏跑對目標配速的跑步經濟性影響深遠，其中最明顯的進步就是長距離路跑的耐力變強。

　　節奏跑也有很多強化跑的好處，而且因為節奏跑比較慢，就能像長跑一樣得到更多有氧效益。節奏跑非常針對燃燒脂肪的能力，訓練強度夠強，挑戰有氧系統是否能跟上，但又剛好讓粒線體和支持的肌纖維持續運作。

　　節奏跑最終會決定你是否選擇了正確的馬拉松目標。進行速度和強度訓練時，因為反覆跑較短而且中間都隔著恢復跑，你可以「假裝」強度適中。但是節奏跑可沒有休息時間，如果在長距離的節奏跑保持目標配速很痛苦的話，就真的該思考自己是否能在馬拉松全程維持這個配速。

　　節奏跑最大的好處也許是讓你有機會透過反覆進行，徹底了解所想要的競賽配速。隨著時間流逝，身體會想辦法把配速的感覺內化，達到習慣成自然的境界。而且知道這個配速在高溫、低溫、雨天、

下雪和起風時的感覺，對比賽當日特別重要。當跑者無法判斷自己的配速時，通常都不在目標配速上（大部分都太快），比賽的前景因而不被看好，習慣配速和跑步的感覺可以決定一場比賽的好壞。

節奏跑準則

　　課表中的節奏跑是以馬拉松目標配速進行，表記為「Tempo/MP」（節奏跑／馬拉松配速）。很多教練認為節奏跑應該要簡短且用類似強化跑的配速去跑，但是為了達到我們的目的，節奏跑就等於馬拉松配速，而且應該持續維持目標配速。不要因為覺得「輕鬆」就加快，這樣不只減少對生理的好處，你也沒有學習耐心和內化配速，完全將配速內化達到憑感覺調節速度需要好幾週的訓練。隨著課程進行，距離會改變，節奏跑的長度會慢慢增加，每幾週就會調整。新手從 4 英里開始，進階跑者則從 5 英里開始，兩者都在訓練的最後幾週內增加到 10 英里，進階跑者達到最長距離時，節奏跑的總量加上暖身和收操，可能需要 12 ～ 14 英里，時間需要 90 分鐘左右。

　　此時緊隨在節奏跑之後的 16 英里長跑訓練，感覺上會比一開始以為的還要困難許多，這是課表如何運用累加疲勞的範例之一。此時本來很輕鬆的長跑突然好像馬拉松最後的 16 英里一樣，我們不讓你充分休息後神清氣爽地跑長跑，而是模擬真實的馬拉松後半場體驗，而節奏跑是讓雙腿疲勞的不二法門。

訓練計畫要素

節奏跑的感覺是什麼？

這是很常見的問題，尤其是接近 9 ～ 10 英里節奏跑的跑者特別常問。很多人預期會變輕鬆，一旦沒有變輕鬆就開始害怕體能不足，或是無法以目標配速比賽。腦中浮現「我得用這個配速再跑 16 英里？」的可怕懷疑。可別小看自己了。其實大部分人訓練時不會覺得目標配速變輕鬆，但最後會有還能再跑幾公里的感覺。對自己更有自信，也對過程保持信心吧！

如何調整訓練配速

圖 6.2 能幫你了解不同訓練應該使用的強度。圖中的對角線代表跑者的最大攝氧量。左邊第一區（輕鬆區）用於輕鬆日，代表有氧閾值以下的範圍，這一區最大也最慢。第二區（L）是長跑區，代表長跑時的最快配速，也可以代表新手跑者的輕鬆日最高速。中間區（T）是最理想的節奏配速，也是馬拉松目標配速，位在有氧閾值以上、無氧閾值以下。強度區（ST）代表「乳酸」的最高峰，因為強化跑應該剛好位於無氧閾值之下。最後是速度區（SP），代表速度跑的配速，剛好比最大攝氧量少一點，讓身體有最佳發展。

看這張圖就能輕易理解為什麼超過指定的速度會影響訓練效果，跑得太過不只錯過好處，還會增加疲勞。這裡的中心主旨是，指定的配速都有一定的道理。雖然有些跑者認為配速有時候像拖油

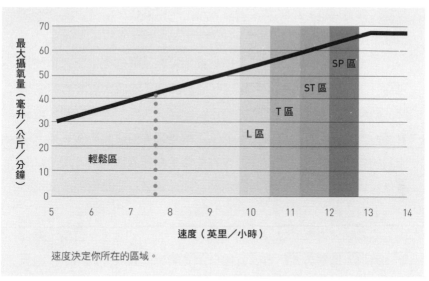

圖 6.2　配速對比強度

速度決定你所在的區域。

瓶,但正確的配速才是最後能讓你迎向終點的利器。所以要抵抗「愈
快愈好」的想法,並且記住每個訓練的目的是什麼。

減量訓練

　　雖然我們通常不會叫大家少跑一點,但是只要規劃的時機正確,
減少跑步距離和強度其實是馬拉松訓練的一部分。比如用課表訓練
兩個月後,愈來愈多的訓練量讓你覺得很累,可別隨便休息一天或
是減少那一週的跑步距離,這個時機不對,因為會影響累加疲勞的

基本要素。但是到訓練尾聲時，目標變成恢復精力，同時維持幾個月來的努力成果，此時就是減量訓練的正確時機，縮減訓練量也是跑好馬拉松的關鍵步驟。

很多跑者在減量訓練期會犯相同的錯誤，就是停止所有訓練，包括長跑、健身、強度和輕鬆日。之前我們不建議太快增加這些訓練，同理，也不建議突然全部停止，一旦太快停止大量訓練，跑者會覺得自己變得行動緩慢，甚至比訓練量最大的時候還要疲累，用比訓練期還累的狀態去比賽，沒有比這更糟糕的情況了。而適當的減量訓練就是避免一切發生的關鍵，漸進式減量能讓你神清氣爽準備好上場比賽。

素質練習需要大約 10 天才能顯現生理層面的進步。沒錯，你需要一週以上的努力才能得到收穫。本書所列的訓練計畫都是在跑馬拉松前 10 天進行最後一次素質練習，因為在 10 天內訓練，除了讓你比賽時很累，沒有別的用處。課表的最後 7 天也把整體訓練減量大約 55%。每週跑步的天數不變，但是每天的距離縮短，為什麼天數不變呢？凱文和凱斯形容，就像本來每天睡 6 個小時，突然變成 12 個小時，雖然獲得充分休息，但隔天起床反而會頭暈目眩。如果習慣了一週跑步 6 天，突然只跑 3 ～ 4 天，也會發生同樣情況，身體會受到驚嚇。但是如果維持每天跑步，只是持續縮短跑步距離，等於調整的變項比較少，不是一次減少頻率、訓練量和強度，而是微調後兩項。有很多馬拉松訓練計畫不只缺少很多項目，還規劃長達 2 ～ 4 週的減量訓練，導致跑者損失一些努力訓練的成果。我們把減量訓練期減至 10 天，降低損失成果的風險，還能保有充足時間休息和恢復。

從生理學的角度來看，減量訓練符合累加疲勞的原則，因為訓練課表直到最後10天前都不會讓你完全恢復。經過幾個月的訓練後，有些好的賀爾蒙、酵素和身體功能因為無法完整恢復而受到壓抑，同時疲勞的副產物又不斷堆積。到了減量訓練期，隨著訓練量和強度減少，上述好的功能也蓬勃發展，副產物徹底分解乾淨，身體狀態準備好跑出完美表現。我們總是告誡跑者不要小看減量訓練的用處，如果告訴你減量訓練可以增進 3% 實力，你還會擔心自己無法用節奏跑的配速跑完馬拉松嗎？3% 的差距是完賽時間 4 小時或 3 小時 53 分，我不知道你怎麼想，但我很樂意讓自己的最佳紀錄縮短 7 分鐘。

訓練配速表

表 6.3 列出不同的完賽時間所需的每英里配速，幫助判斷訓練時要跑多快，輕鬆跑請看「輕鬆有氧 A」和「輕鬆有氧 B」。記住，實際的 5 公里和 10 公里完賽時間會比這張表更準確，如果你曾經參賽過，請用當初的完賽時間引導速度訓練。我們的目的只是讓你的訓練有跡可循、幫助你集中注意力，並且透過訓練得到正確的生理適應。

表 6.3　訓練配速表

目標完賽時間	恢復跑	輕鬆有氧 A	輕鬆有氧 B
7:00:00	>18:31	18:31	17:31
6:45:00	>17:56	17:56	16:56
6:30:00	>17:22	17:22	16:22
6:15:00	>16:48	16:48	15:48
6:00:00	>16:13	16:13	15:13
5:45:00	>15:39	15:39	14:39
5:30:00	>15:05	15:05	14:05
5:15:00	>14:30	14:30	13:30
5:00:00	14:22	13:32	12:41
4:45:00	13:43	12:55	12:05
4:30:00	13:02	12:16	11:28
4:15:00	12:22	11:38	10:52
4:00:00	11:42	11:00	10:15
3:50:00	11:15	10:34	9:51
3:45:00	11:01	10:21	9:39
3:40:00	10:48	10:08	9:27
3:35:00	10:34	9:55	9:14
3:30:00	10:19	9:41	9:02
3:25:00	10:06	9:28	8:49
3:20:00	9:53	9:16	8:38
3:15:00	9:38	9:02	8:25
3:10:00	9:25	8:49	8:13
3:05:00	9:11	8:36	8:01
3:00:00	8:57	8:23	7:48

中度有氧	全馬配速／節奏跑	強化跑	速度跑／10 公里
17:01	16:01	15:51	14:41
16:26	15:26	15:16	14:10
15:52	14:52	14:42	13:38
15:18	14:18	14:08	13:07
14:43	13:43	13:33	12:35
14:09	13:09	12:59	12:04
13:35	12:35	12:25	11:32
13:00	12:00	11:50	11:01
12:16	11:27	11:17	10:30
11:41	10:52	10:42	9:58
11:05	10:18	10:08	9:27
10:29	9:44	9:34	8:55
9:53	9:09	8:59	8:24
9:29	8:46	8:36	8:03
9:18	8:35	8:25	7:52
9:06	8:23	8:13	7:42
8:53	8:12	8:02	7:31
8:42	8:01	7:51	7:21
8:29	7:49	7:39	7:10
8:18	7:38	7:28	7:00
8:05	7:26	7:16	6:49
7:54	7:15	7:05	6:39
7:42	7:03	6:53	6:28
7:29	6:52	6:42	6:18

訓練計畫要素

目標完賽時間	恢復跑	輕鬆有氧 A	輕鬆有氧 B
2:55:00	8:43	8:10	7:36
2:50:00	8:28	7:56	7:23
2:45:00	8:15	7:43	7:11
2:40:00	8:00	7:30	6:58
2:35:00	7:46	7:17	6:46
2:30:00	7:32	7:03	6:34
2:25:00	7:18	6:50	6:21
2:20:00	7:03	6:36	6:08
2:15:00	6:49	6:23	5:56
2:10:00	6:35	6:09	5:43

注：配速表為英里配速，1 英里等於 1.609344 公里，假設 1 英里配速為 6 分鐘，可由下列
方法換算為公里配速：
6 分鐘 =360 秒
360 秒 ÷1.609344=224 秒（四捨五入至整數）
224 秒 =3 分 44 秒
配速 1 英里 6 分鐘 =1 公里 3 分 44 秒

中度有氧	全馬配速／節奏跑	強化跑	速度跑／10 公里
7:17	6:40	6:30	6:07
7:05	6:29	6:19	5:57
6:53	6:18	6:08	5:46
6:41	6:06	5:56	5:36
6:29	5:55	5:45	5:25
6:17	5:43	5:33	5:15
6:05	5:32	5:22	5:04
5:52	5:20	5:10	4:54
5:40	5:09	4:59	4:43
5:28	4:57	4:47	4:33

訓練計畫要素

使用訓練配速表

先找出目標完賽時間，同一列就是建議的訓練配速，從輕鬆跑到速度素質練習，所有配速單位都是每英里跑幾分鐘。

恢復跑：通常是需要恢復的日子能跑的配速，也可以在素質練習日當作收操配速，甚至用在素質練習日隔天。這個配速也能得到有氧效益，大多數人都用不上恢復跑配速，尤其是完賽目標 4 小時以上的人，因為輕鬆跑配速通常就已經在能力範圍內。

輕鬆 A 和輕鬆 B：這是一個範圍，不需要擇一進行，通常輕鬆日、暖身、收操和長跑都落在這個範圍內。

中度有氧：經驗較多的跑者狀態好的時候，可以用這個配速跑輕鬆跑和長跑，但是沒有非達到不可。

全馬：所有標示節奏跑或 MP 的素質練習都用此配速，也是你的目標配速。

強化跑：用在標示強度的訓練（MP-10），是目標配速每英里減緩 10 秒。

速度跑／10 公里：用在標示速度跑或 10 公里的訓練，指

定的素質練習日需要看這一欄。

心跳率訓練

我們不會用心跳率描述訓練目標，不是反對心跳率，而是把各種方法都當作工具，從 GPS 裝置、強度訓練、心跳率到跑步鞋都是。太執著於一種工具會讓整體訓練失衡，心跳率可以在訓練中占有一席之地，但還是比不上速度跑、強化跑和節奏跑，可能也比不上長跑。因此，訓練要素裡最重要的是配速。

我們的訓練以配速為關鍵，不是心跳率，為什麼呢？因為整個計畫都是建立在目標配速上，輕鬆跑比目標配速慢、節奏跑等於目標配速，而強化跑則設定比目標配速快。很多跑者都有目標完賽時間，或許是波士頓馬拉松參賽門檻、4 小時以內，又或者是奧運參賽門檻，以能達成目標時間的配速跑步變得非常重要。如果跑不到理想配速就達不到目標，所以維持心跳率在 75% 比較重要，還是以波士頓賽門檻配速每英里 8 分鐘跑步比較重要？這麼說吧，我很少在終點聽到有人大喊：「耶！我心跳 150 以下！」

不過如果你覺得心跳訓練才是正道，那這裡有幾個訣竅。

了解自己的最大心跳率。去測驗（最大攝氧量測驗）不同閾值的心跳率，已知的最大心跳率公式（220 減年齡）對大量的採樣人口或許堪用，但是對個人的準確性仍有疑慮，直接測驗可以免去無謂的猜測過程。

　　　　　　　　　　　　　　　訓練計畫要素

利用工具。例如附心跳監測功能的 GPS 手錶就很方便，可以考慮用在節奏跑，如果你要以每英里 8 分鐘配速，了解此時的心跳率趨勢很有幫助。如果你發現走勢向上就記錄下來，可以檢視自己是不是生病了？有沒有異常？利用所有工具，包含直覺，去了解自己是否過度訓練。如果只用一種工具，你會受到各種變項的擺布，要記得考量整體，我們討論心跳率的主要原因是用來測量訓練強度和監控是否過度訓練，至於心跳率是否提供有用的資訊？多多少少，但更有用的是能追蹤每天的趨勢。如果你想參考心跳率，可以考慮用來監測配速，看看體能是否足夠用想要的配速比賽。監測器要每天戴嗎？我不建議每天戴心跳監測器和 GPS 裝置，我們知道新跑者面對很多問題：我跑太快了嗎？太慢了嗎？太快或太慢的定義到底是什麼？我有進步嗎？這些問題都很正常，如果有數據能測量和提供回饋也很棒，但是不能讓這種依賴阻礙你學習聆聽身體的感受。

訓練計畫要素

第七章

漢森訓練計畫

　　花時間了解自己的內心和啃完設定目標所需的數字之後，挑選訓練計畫時請務必記住這些。選對計畫和設定正確的目標一樣重要。針對初馬跑者，我們強調簡單，因此除了 0-5K 課表，我們只篩選出四個訓練計畫，來縮小你的選擇範圍。

　　請詳讀每個計畫的敘述和課表，給自己靈感做選擇。大部分人了解所有選項之後，會發現其中一個很明顯適合自己。設定目標的時候，你已經思考了很多訓練邏輯，選計畫時就憑直覺吧！

起步計畫

（含 0-5K 課表）

　　如果你的跑步經歷和體能都要從零開始，本計畫能用最聰明安全的方法從不跑步到 26.2 英里比賽。想跑馬拉松之前，你需要先每週跑步 5 天、每次至少 30 分鐘，做到後才能進行適合自己的馬拉松課表。起步計畫的第一部分稱為「0-5K 計畫」，如果你覺得設定目標時間很難，這個計畫提供 5 公里路跑的機會，為你建立馬拉松訓練的基準線。

　　注意，0-5K 課表不是從零直接跳到 30 分鐘跑步，而是慢慢增加以避免受傷和筋疲力盡。例如第一天的訓練總長 30 分鐘，內含暖身、跑走訓練和收操，其中跑步總長只有 5 分鐘。

0-5K 計畫

0-5K

本課表為期 8 週，在最後一個週日規劃 30 分鐘的跑步，這是參加 5 公里路跑建立基準線的好機會。完賽結果可以用換算器算出馬拉松訓練的起步配速（可以用我們的線上全方位互動式換算器：http:bit.ly/2t8w3pd）。

完成 0-5K 計畫後，就能銜接馬拉松訓練計畫，選擇時應該保守一點，初階訓練或只求完賽計畫應該最合適，接下來兩者都會介紹，選一個最適合自己的吧！

備註：以下清單反映的是接續的訓練計畫，請見課表第一週的週一。

第一天分解：

10 分鐘：暖身走路

從舒適的配速開始，慢慢增加到輕快的速度。

10 分鐘：交錯跑走

以舒適的配速慢跑 1 分鐘再走路 1 分鐘，交錯進行直到共慢跑 5 分鐘和走路 5 分鐘。走路速度自由決定，只要能完成慢跑的部分即可，可以實驗適當的配速。大家常犯的錯誤是一開始跑太快，導致最後變慢很多，甚至需要暫停休息。重複這個順序 5 次：

>1 分鐘慢跑

>1 分鐘走路

>1 分鐘慢跑

>1 分鐘走路

>1 分鐘慢跑

>1 分鐘走路

>1 分鐘慢跑

>1 分鐘走路

>1 分鐘慢跑

>1 分鐘走路

10 分鐘：收操和走路

減緩心跳率，但是對心血管功能和耐力仍有幫助。

0-5K 課表

週數	週一	週二	週三	週四
1	10 分鐘走路 5 組： 1 分鐘走路 1 分鐘慢跑 10 分鐘走路 **30 分鐘**	休息 或 交叉訓練	10 分鐘走路 5 組： 1 分鐘走路 1 分鐘慢跑 10 分鐘走路 **30 分鐘**	休息 或 交叉訓練
2	9 分鐘走路 4 組： 1 分鐘走路 2 分鐘慢跑 9 分鐘走路 **30 分鐘**	休息 或 交叉訓練	9 分鐘走路 4 組： 1 分鐘走路 2 分鐘慢跑 9 分鐘走路 **30 分鐘**	休息 或 交叉訓練
3	7 分鐘走路 4 組： 1 分鐘走路 3 分鐘慢跑 7 分鐘走路 **30 分鐘**	休息 或 交叉訓練	7 分鐘走路 4 組： 1 分鐘走路 3 分鐘慢跑 7 分鐘走路 **30 分鐘**	休息 或 交叉訓練
4	4 分鐘走路 4 組： 1 分鐘走路 5 分鐘慢跑 2 分鐘走路 **30 分鐘**	休息 或 交叉訓練	4 分鐘走路 3 組： 1 分鐘走路 7 分鐘慢跑 2 分鐘走路 **30 分鐘**	休息 或 交叉訓練
5	5 分鐘走路 3 組： 1 分鐘走路 8 分鐘慢跑 3 分鐘走路 **35 分鐘**	休息 或 交叉訓練	5 分鐘走路 2 組： 1 分鐘走路 10 分鐘慢跑 3 分鐘走路 **30 分鐘**	休息 或 交叉訓練

週五	週六	週日	一週總計
10 分鐘走路	10 分鐘走路		
5 組： 1 分鐘走路 1 分鐘慢跑	5 組： 1 分鐘走路 1 分鐘慢跑	休息 或 交叉訓練	
10 分鐘走路	10 分鐘走路		
30 分鐘	**30 分鐘**		**2 小時**
9 分鐘走路	9 分鐘走路		
4 組： 1 分鐘走路 2 分鐘慢跑	4 組： 1 分鐘走路 2 分鐘慢跑	休息 或 交叉訓練	
9 分鐘走路	9 分鐘走路		
30 分鐘	**30 分鐘**		**2 小時**
7 分鐘走路	8 分鐘走路		
4 組： 1 分鐘走路 3 分鐘慢跑	4 組： 1 分鐘走路 2.5 分鐘慢跑	休息 或 交叉訓練	
7 分鐘走路	8 分鐘走路		
30 分鐘	**30 分鐘**		**2 小時**
4 分鐘走路	5 分鐘走路		
4 組： 1 分鐘走路 5 分鐘慢跑	4 組： 1 分鐘走路 4 分鐘慢跑	休息 或 交叉訓練	
2 分鐘走路	5 分鐘走路		
30 分鐘	**30 分鐘**		**2 小時**
5 分鐘走路	5 分鐘走路		
3 組： 1 分鐘走路 8 分鐘慢跑	4 組： 1 分鐘走路 6 分鐘慢跑	休息 或 交叉訓練	
3 分鐘走路	2 分鐘走路		
35 分鐘	**35 分鐘**		**2 小時 15 分鐘**

漢森訓練計畫

0-5K（續）

週數	週一	週二	週三	週四
6	5 分鐘走路 2 組： 1 分鐘走路 10 分鐘慢跑 3 分鐘走路 **30 分鐘**	 休息 或 交叉訓練	4 分鐘走路 2 組： 1 分鐘走路 15 分鐘慢跑 4 分鐘走路 **40 分鐘**	 休息 或 交叉訓練
7	5 分鐘走路 20 分鐘慢跑 5 分鐘走路 **30 分鐘**	 休息 或 交叉訓練	5 分鐘走路 25 分鐘慢跑 5 分鐘走路 **35 分鐘**	 休息 或 交叉訓練
8	5 分鐘走路 30 分鐘慢跑 5 分鐘走路 **40 分鐘**	 休息 或 交叉訓練	5 分鐘走路 30 分鐘慢跑 5 分鐘走路 **40 分鐘**	 休息 或 交叉訓練

週五	週六	週日	一週總計
5 分鐘走路	5 分鐘走路		
2 組： 1 分鐘走路 10 分鐘慢跑	2 組： 1 分鐘走路 10 分鐘慢跑	休息 或 交叉訓練	
3 分鐘走路	3 分鐘走路		
30 分鐘	30 分鐘		2 小時 10 分鐘
5 分鐘走路	4 分鐘走路		
20 分鐘慢跑	2 組： 1 分鐘走路 15 分鐘慢跑	休息 或 交叉訓練	
5 分鐘走路	4 分鐘走路		
30 分鐘	40 分鐘		2 小時 15 分鐘
5 分鐘走路	5 分鐘走路		
30 分鐘慢跑	30 分鐘慢跑 **恭喜！**	休息 或 交叉訓練	
5 分鐘走路	5 分鐘走路		
40 分鐘	40 分鐘		2 小時 40 分鐘

漢森訓練計畫

初階訓練計畫

如果已經選擇起步訓練的前半段，經過 8 週的 0-5K 訓練，你就可以直接銜接本計畫。這也適合本來就每週跑 10 ～ 15 英里的跑者。

　　初階訓練計畫非常適合剛開始接觸這項運動，並且想了解長跑以外所有馬拉松訓練的新手。如果選擇本計畫，我們會提供素質練習日的介紹、調整訓練強度、教你如何跑不同的配速，讓你學習節奏跑和速度訓練，注意：如果你的目標只要完賽就好，可以跳過這個部分，直接看只求完賽計畫。

　　本計畫從一週 17 英里開始，一路來到高峰 46 英里。聽起來差距很大，但我們會一週一週慢慢累積肌力、耐力和距離。隨著課表進行，一週會有 2 天素質練習日配合 2 天休息日。這是個經過計算的訓練計畫，既能安全有效率地加強體能，又不會導致過度訓練。

初階訓練：新手課表　18 週／一週 5 日

週數	週一	週二	週三	週四
1	3 英里輕鬆跑	3 英里輕鬆跑	休息：交叉訓練／肌力訓練 OK	3 英里輕鬆跑
	3 英里	3 英里		3 英里
2	4 英里輕鬆跑	4 英里輕鬆跑	休息：交叉訓練／肌力訓練 OK	4 英里輕鬆跑
	4 英里	4 英里		4 英里
3	4 英里輕鬆跑	5 英里輕鬆跑	休息：交叉訓練／肌力訓練 OK	5 英里輕鬆跑
	4 英里	5 英里		5 英里
4	4 英里輕鬆跑	1.5 英里暖身 以馬拉松目標配速跑 6 趟 800 公尺，搭配 400 公尺恢復跑 1.5 英里收操	休息：交叉訓練／肌力訓練 OK	5 英里輕鬆跑
	4 英里	7.5 英里		5 英里
5	4 英里輕鬆跑	1.5 英里暖身 以馬拉松目標配速跑 4 趟 1 英里，搭配 400 公尺恢復跑 1.5 英里收操　　**節奏跑**	休息：交叉訓練／肌力訓練 OK	6 英里輕鬆跑
	4 英里	8 英里		6 英里

週五	週六	週日	一週總計
3 英里輕鬆跑	休息：交叉訓練／肌力訓練 OK	5 英里輕鬆跑	
3 英里		5 英里	17 英里
休息：交叉訓練／肌力訓練 OK	4 英里輕鬆跑	6 英里輕鬆跑	
	4 英里	6 英里	22 英里
休息：交叉訓練／肌力訓練 OK	4 英里輕鬆跑	8 英里輕鬆跑	
	4 英里	8 英里	26 英里
休息：交叉訓練／肌力訓練 OK	5 英里輕鬆跑	10 英里長跑	
	5 英里	10 英里	31.5 英里
休息：交叉訓練／肌力訓練 OK	6 英里輕鬆跑	10 英里長跑	
	6 英里	10 英里	34 英里

漢森訓練計畫

初階訓練（續）

週數	週一	週二	週三		週四
6	4 英里輕鬆跑	休息：交叉訓練／肌力訓練 OK	1.5 英里暖身以 10 公里配速跑 12 趟 400 公尺，搭配 400 公尺恢復跑 1.5 英里收操	速度跑	6 英里輕鬆跑
	4 英里		9 英里		6 英里
7	4 英里輕鬆跑	休息：交叉訓練／肌力訓練 OK	1.5 英里暖身以 10 公里配速跑 6 趟 800 公尺，搭配 400 公尺恢復跑 1.5 英里收操	速度跑	6 英里輕鬆跑
	4 英里		7.5 英里		6 英里
8	休息：交叉訓練／肌力訓練 OK	6 英里輕鬆跑	1.5 英里暖身以 10 公里配速跑 5 趟 1 公里，搭配 400 公尺恢復跑 1.5 英里收操	速度跑	休息：交叉訓練／肌力訓練 OK
		6 英里	7 英里		
9	休息：交叉訓練／肌力訓練 OK	6 英里輕鬆跑	1.5 英里暖身以 10 公里配速跑 4 趟 1.2 公里，搭配 400 公尺恢復跑 1.5 英里收操	速度跑	休息：交叉訓練／肌力訓練 OK
		6 英里	7 英里		

週五	週六	週日		一週總計
休息：交叉訓練／肌力訓練 OK	6 英里輕鬆跑	1.5 英里暖身 以馬拉松目標配速跑 4 英里 1.5 英里收操	節奏跑	
	6 英里	7 英里		32 英里
休息：交叉訓練／肌力訓練 OK	6 英里輕鬆跑	12 英里長跑		
	6 英里	12 英里		35.5 英里
休息：交叉訓練／肌力訓練 OK	0 英里輕鬆跑	1.5 英里暖身 以馬拉松目標配速跑 8 英里 1.5 英里收操	節奏跑	
	8 英里	11 英里		32 英里
4 英里輕鬆跑	8 英里輕鬆跑	14 英里長跑		
4 英里	8 英里	14 英里		39 英里

漢森訓練計畫

初階訓練（續）

週數	週一	週二	週三		週四
10	休息：交叉訓練／肌力訓練 OK	6 英里輕鬆跑	1.5 英里暖身以 10 公里配速跑 6 趟 800 公尺，搭配 400 公尺恢復跑 1.5 英里收操	速度跑	休息：交叉訓練／肌力訓練 OK
		6 英里	7.5 英里		
11	休息：交叉訓練／肌力訓練 OK	6 英里輕鬆跑	1.5 英里暖身以馬拉松目標配速（每英里緩減 10 秒）跑 6 趟 1 英里，搭配 400 公尺恢復跑 1.5 英里收操	強化跑	休息：交叉訓練／肌力訓練 OK
		6 英里	10.5 英里		
12	休息：交叉訓練／肌力訓練 OK	6 英里輕鬆跑	1.5 英里暖身以馬拉松目標配速（每英里緩減 10 秒）跑 4 趟 1.5 英里，搭配 0.5 英里恢復跑 1.5 英里收操	強化跑	休息：交叉訓練／肌力訓練 OK
		6 英里	11 英里		
13	休息：交叉訓練／肌力訓練 OK	6 英里輕鬆跑	1.5 英里暖身以馬拉松目標配速（每英里緩減 10 秒）跑 3 趟 2 英里，搭配 0.5 英里恢復跑 1.5 英里收操	強化跑	休息：交叉訓練／肌力訓練 OK
		6 英里	10.5 英里		

週五	週六	週日		一週總計
4 英里輕鬆跑	8 英里輕鬆跑	1.5 英里暖身 以馬拉松目標配速跑 8 英里 1.5 英里收操	節奏跑	
4 英里	8 英里	11 英里		36.5 英里
4 英里輕鬆跑	10 英里輕鬆跑	16 英里長跑		
4 英里	10 英里	16 英里		46.5 英里
6 英里輕鬆跑	8 英里輕鬆跑	1.5 英里暖身 以馬拉松目標配速跑 10 英里 1.5 英里收操	節奏跑	
6 英里	8 英里	13 英里		44 英里
4 英里輕鬆跑	10 英里輕鬆跑	16 英里長跑		
4 英里	10 英里	16 英里		46.5 英里

漢森訓練計畫

初階訓練（續）

週數	週一	週二	週三		週四
14	休息：交叉訓練／肌力訓練 OK	6 英里輕鬆跑	1.5 英里暖身以馬拉松目標配速（每英里緩減 10 秒）跑 2 趟 3 英里，搭配 1 英里恢復跑 1.5 英里收操	強化跑	休息：交叉訓練／肌力訓練 OK
		6 英里	11 英里		
15	休息：交叉訓練／肌力訓練 OK	6 英里輕鬆跑	1.5 英里暖身以馬拉松目標配速（每英里緩減 10 秒）跑 3 趟 2 英里，搭配 0.5 英里恢復跑 1.5 英里收操	強化跑	休息：交叉訓練／肌力訓練 OK
		6 英里	10.5 英里		
16	休息：交叉訓練／肌力訓練 OK	6 英里輕鬆跑	1.5 英里暖身以馬拉松目標配速（每英里緩減 10 秒）跑 4 趟 1.5 英里，搭配 0.5 英里恢復跑 1.5 英里收操	強化跑	休息：交叉訓練／肌力訓練 OK
		6 英里	11 英里		
17	休息：交叉訓練／肌力訓練 OK	6 英里輕鬆跑	1.5 英里暖身以馬拉松目標配速（每英里緩減 10 秒）跑 6 趟 1 英里，搭配 400 公尺恢復跑 1.5 英里收操	強化跑	休息：交叉訓練／肌力訓練 OK
		6 英里	10.5 英里		

週五	週六	週日		一週總計
6 英里輕鬆跑	8 英里輕鬆跑	1.5 英里暖身 以馬拉松目標 配速跑 10 英里 1.5 英里收操	節奏跑	
6 英里	8 英里	13 英里		44 英里
4 英里輕鬆跑	10 英里輕鬆跑	16 英里長跑		
4 英里	10 英里	16 英里		46.5 英里
6 英里輕鬆跑	8 英里輕鬆跑	1.5 英里暖身 以馬拉松目標 配速跑 10 英里 1.5 英里收操	節奏跑	
6 英里	8 英里	13 英里		44 英里
4 英里輕鬆跑	6 英里輕鬆跑	12 英里長跑		
4 英里	6 英里	12 英里		38.5 英里

漢森訓練計畫

初階訓練（續）

週數	週一	週二	週三		週四
18	休息：交叉訓練／肌力訓練 OK	6 英里輕鬆跑	1.5 英里暖身 以馬拉松目標配速 跑 3 趟 2 公里，搭配 2 分鐘恢復跑 以馬拉松目標配速（每英里減慢 10 秒）跑 3 趟 2 公里，搭配 0.5 英里恢復跑 1.5 英里收操	節奏跑	休息：交叉訓練／肌力訓練 OK
		6 英里	11 英里		

週五	週六	週日	週總計
4 英里輕鬆跑	輕鬆的 30 分鐘活動	**比賽日！**	
4 英里	3 英里	26.2 英里	56.2 英里

漢森訓練計畫

只求完賽計畫

如果你翻開這本書只為了跑完初馬就好，只求完賽計畫就是為你而設計。本計畫適合只是想跑一場馬拉松，但是沒有興趣「付出更多」（例如素質練習日）或者還沒準備好付出的人。本計畫能讓你強勢完賽，把馬拉松從人生清單上劃掉。

　　只求完賽計畫的一週訓練跑量，最多和初階訓練計畫差不多，約為45英里，每週訓練6天。即使目標只是完賽，要跑完26.2英里，還是需要大量的訓練，才能在比賽當日準備充分且安全完賽。

　　剛聽到這個數字可能會有點退縮，但先不看訓練高峰週，從只有12英里的第一週開始看吧。課表會每週慢慢增加距離，所以放心，現在感覺辦不到的事情，之後會變得愈來愈容易且可行。

　　因為沒有素質練習，身體更容易承受長距離的慢跑，恢復速度也比較快。只要注意每天完成指定的距離，並且避免跑得比指定配速還快，對大部分人而言，距離不是訓練殺手，強度才是。就算沒有高強度健身，還是能練出足以完賽馬拉松的肌力和耐力。之後的內容對強度和配速會有更詳細的描述。

只求完賽課表　18 週／一週 6 日

週數	週一	週二	週三	週四
1	休息或交叉訓練	2 英里輕鬆跑	休息或交叉訓練	3 英里輕鬆跑
2	休息或交叉訓練	3 英里輕鬆跑	休息或交叉訓練	3 英里輕鬆跑
3	休息或交叉訓練	4 英里輕鬆跑	休息或交叉訓練	4 英里輕鬆跑
4	休息或交叉訓練	5 英里輕鬆跑	休息或交叉訓練	3 英里輕鬆跑
5	休息或交叉訓練	5 英里輕鬆跑	休息或交叉訓練	4 英里輕鬆跑
6	4 英里輕鬆跑	5 英里輕鬆跑	休息或交叉訓練	5 英里輕鬆跑
7	4 英里輕鬆跑	6 英里輕鬆跑	休息或交叉訓練	5 英里輕鬆跑
8	6 英里輕鬆跑	5 英里輕鬆跑	休息或交叉訓練	6 英里輕鬆跑
9	5 英里輕鬆跑	6 英里輕鬆跑	休息或交叉訓練	5 英里輕鬆跑
10	7 英里輕鬆跑	5 英里輕鬆跑	休息或交叉訓練	6 英里輕鬆跑
11	5 英里輕鬆跑	7 英里輕鬆跑	休息或交叉訓練	5 英里輕鬆跑

週五	週六	週日	一週總計
休息或交叉訓練	3 英里輕鬆跑	4 英里輕鬆跑	12 英里
3 英里輕鬆跑	3 英里輕鬆跑	4 英里輕鬆跑	16 英里
4 英里輕鬆跑	4 英里輕鬆跑	5 英里輕鬆跑	21 英里
3 英里輕鬆跑	5 英里輕鬆跑	4 英里輕鬆跑	20 英里
5 英里輕鬆跑	4 英里輕鬆跑	6 英里輕鬆跑	24 英里
4 英里輕鬆跑	8 英里輕鬆跑	8 英里輕鬆跑	34 英里
4 英里輕鬆跑	6 英里輕鬆跑	10 英里長跑	35 英里
5 英里輕鬆跑	6 英里輕鬆跑	10 英里長跑	38 英里
6 英里輕鬆跑	5 英里輕鬆跑	15 英里長跑	42 英里
5 英里輕鬆跑	8 英里輕鬆跑	10 英里長跑	41 英里
6 英里輕鬆跑	8 英里輕鬆跑	16 英里長跑	47 英里

漢森訓練計畫

只求完賽（續）

週數	週一	週二	週三	週四
12	5 英里輕鬆跑	7 英里輕鬆跑	休息或交叉訓練	6 英里輕鬆跑
13	7 英里輕鬆跑	5 英里輕鬆跑	休息或交叉訓練	5 英里輕鬆跑
14	5 英里輕鬆跑	7 英里輕鬆跑	休息或交叉訓練	6 英里輕鬆跑
15	7 英里輕鬆跑	5 英里輕鬆跑	休息或交叉訓練	5 英里輕鬆跑
16	5 英里輕鬆跑	5 英里輕鬆跑	休息或交叉訓練	5 英里輕鬆跑
17	7 英里輕鬆跑	5 英里輕鬆跑	休息或交叉訓練	5 英里輕鬆跑
18	5 英里輕鬆跑	5 英里輕鬆跑	休息	5 英里輕鬆跑

週五	週六	週日	一週總計
5 英里輕鬆跑	8 英里輕鬆跑	10 英里長跑	41 英里
6 英里輕鬆跑	6 英里輕鬆跑	16 英里長跑	45 英里
5 英里輕鬆跑	8 英里輕鬆跑	10 英里長跑	41 英里
6 英里輕鬆跑	6 英里輕鬆跑	16 英里長跑	45 英里
5 英里輕鬆跑	8 英里輕鬆跑	10 英里長跑	38 英里
6 英里輕鬆跑	6 英里輕鬆跑	8 英里輕鬆跑	37 英里
4 英里輕鬆跑	3 英里輕鬆跑	**比賽日！** 26.2 英里	48.2 英里

進階初馬計畫

本計畫適合有豐富跑步經歷、甚至參加過半馬的跑者，而且已經習慣每週訓練 5～6 天，總長 50～60 英里。相較於其他計畫，進階初馬更快強調每週的訓練量，但仍在素質練習間保有充足的休息。

　　就算是最厲害的跑者，經過好幾週的馬拉松訓練都會感到痛苦，因此本計畫把素質練習之間的間隔拉長，有時候插入中長度的長跑讓身體有更多時間恢復。依照漢森馬拉松訓練法的哲學而設計但是加入幾個巧思，這些巧思扮演安全閥的角色，每兩週就有一週強度較低，避免過度訓練，現實情況下不一定總能睡得飽、吃得好及充分伸展。這樣的安排就能定期提供多一點恢復，讓你持續跑下去。

進階初馬課表　18 週

週數	週一	週二	週三	週四
1	6 英里輕鬆跑	6 英里輕鬆跑	休息：交叉訓練／肌力訓練 OK	6 英里輕鬆跑
	6 英里	6 英里		6 英里
2	6 英里輕鬆跑	6 英里輕鬆跑	休息：交叉訓練／肌力訓練 OK	1.5 英里暖身 以馬拉松目標配速跑 6 趟 800 公尺，搭配 400 公尺恢復跑 1.5 英里收操　**節奏跑**
	6 英里	6 英里		7.5 英里
3	4 英里輕鬆跑	1.5 英里暖身 以 10 公里配速跑 12 趟 400 公尺，搭配 400 公尺恢復跑 1.5 英里收操　**速度跑**	休息：交叉訓練／肌力訓練 OK	6 英里輕鬆跑
	4 英里	9 英里		6 英里
4	4 英里輕鬆跑	1.5 英里暖身 以 10 公里配速跑 8 趟 600 公尺，搭配 400 公尺恢復跑 1.5 英里收操　**速度跑**	休息：交叉訓練／肌力訓練 OK	6 英里輕鬆跑
	4 英里	8 英里		6 英里

週五		週六	週日	一週總計
6 英里輕鬆跑		休息：交叉訓練／肌力訓練 OK	6 英里輕鬆跑	
6 英里			6 英里	30 英里
4 英里輕鬆跑		4 英里輕鬆跑	8 英里長跑	
4 英里		4 英里	8 英里	35.5 英里
6 英里輕鬆跑		4 英里輕鬆跑	10 英里長跑	
6 英里		4 英里	10 英里	39 英里
1.5 英里暖身以馬拉松目標配速跑 4 趟 1 英里，搭配 400 公尺恢復跑 1.5 英里收操	節奏跑	6 英里輕鬆跑	8 英里長跑	
8 英里		6 英里	8 英里	40 英里

進階初馬（續）

週數	週一	週二		週三	週四	
5	6 英里輕鬆跑	1.5 英里暖身 以 10 公里配速跑 6 趟 800 公尺，搭配 400 公尺恢復跑 1.5 英里收操	速度跑	休息：交叉訓練／肌力訓練 OK	1.5 英里暖身 以馬拉松目標配速跑 2 趟 2 英里，搭配 0.5 英里恢復跑 1.5 英里收操	節奏跑
	6 英里	7.5 英里			7.5 英里	
6	6 英里輕鬆跑	1.5 英里暖身 以 10 公里配速跑 5 趟 1 公里，搭配 400 公尺恢復跑 1.5 英里收操	速度跑	休息：交叉訓練／肌力訓練 OK	8 英里輕鬆跑	
	6 英里	7 英里			8 英里	
7	6 英里輕鬆跑	1.5 英里暖身 以 10 公里配速跑 4 趟 1200 公尺，搭配 400 公尺恢復跑 1.5 英里收操	速度跑	休息：交叉訓練／肌力訓練 OK	1.5 英里暖身 以馬拉松目標配速跑 3 英里－2 英里－1 英里，搭配 0.5 英里恢復跑 1 英里收操	節奏跑
	6 英里	7 英里			10 英里	
8	6 英里輕鬆跑	1.5 英里暖身 以馬拉松目標配速（每英里緩減 10 秒）跑 4 趟 1 英里，搭配 400 公尺恢復跑 1.5 英里收操	速度跑	休息：交叉訓練／肌力訓練 OK	1.5 英里暖身 以馬拉松目標配速跑 2 趟 3 英里，搭配 1 英里恢復跑 1.5 英里收操	
	6 英里	8 英里			10 英里	

週五	週六	週日		一週總計
6 英里輕鬆跑	6 英里輕鬆跑	10 英里長跑		
6 英里	6 英里	10 英里		43 英里
6 英里輕鬆跑	6 英里輕鬆跑	2 英里暖身 以馬拉松目標配速跑 6 英里 2 英里收操	節奏跑	
6 英里	6 英里	10 英里		43 英里
4 英里輕鬆跑	6 英里輕鬆跑	10 英里長跑		
4 英里	6 英里	10 英里		43 英里
4 英里輕鬆跑	8 英里輕鬆跑	14 英里長跑		
4 英里	8 英里	14 英里		50 英里

漢森訓練計畫

進階初馬（續）

週數	週一	週二		週三	週四
9	6 英里輕鬆跑	1.5 英里暖身 以馬拉松目標配速（每英里緩減 10 秒）跑 4 趟 1 英里，搭配 400 公尺恢復跑 1.5 英里收操	強化跑	休息：交叉訓練／肌力訓練 OK	1.5 英里暖身 以馬拉松目標配速跑 2 趟 3 英里，搭配 1 英里恢復跑 1.5 英里收操
	6 英里	8 英里			10 英里
10	6 英里輕鬆跑	1.5 英里暖身 以馬拉松目標配速（每英里緩減 10 秒）跑 4 趟 1.5 英里，搭配 0.5 英里恢復跑 1.5 英里收操	強化跑	休息：交叉訓練／肌力訓練 OK	10 英里長跑
	6 英里	11 英里			10 英里
11	6 英里輕鬆跑	1.5 英里暖身 以馬拉松目標配速（每英里緩減 10 秒）跑 6 趟 1 英里，搭配 400 公尺恢復跑 1.5 英里收操	強化跑	休息：交叉訓練／肌力訓練 OK	1.5 英里暖身 以馬拉松目標配速跑 2 英里－3 英里－2 英里，搭配 0.5 英里恢復跑 1.5 英里收操
	6 英里	10.5 英里			11 英里
12	6 英里輕鬆跑	1.5 英里暖身 以馬拉松目標配速（每英里緩減 10 秒）跑 3 趟 2 英里，搭配 0.5 英里恢復跑 1.5 英里收操	強化跑	休息：交叉訓練／肌力訓練 OK	12 英里中長跑
	6 英里	10.5 英里			12 英里

週五	週六	週日		一週總計
4 英里輕鬆跑	8 英里輕鬆跑	14 英里長跑		
4 英里	**8 英里**	**14 英里**		**50 英里**
6 英里輕鬆跑	8 英里輕鬆跑	2 英里暖身 以馬拉松目標配速跑 8 英里 2 英里收操	節奏跑	
6 英里	**8 英里**	**12 英里**		**53 英里**
4 英里輕鬆跑	10 英里輕鬆跑	16 英里長跑		
4 英里	**10 英里**	**16 英里**		**57.5 英里**
6 英里輕鬆跑	8 英里輕鬆跑	1.5 英里暖身 以馬拉松目標配速跑 10 英里 1.5 英里收操	節奏跑	
6 英里	**8 英里**	**13 英里**		**55.5 英里**

漢森訓練計畫

進階初馬（續）

週數	週一	週二		週三	週四
13	6 英里輕鬆跑	1.5 英里暖身 以馬拉松目標配速（每英里緩減 10 秒）跑 3 英里－2 英里－1 英里，搭配 0.5 英里恢復跑 1.5 英里收操	強化跑	休息：交叉訓練／肌力訓練 OK	1.5 英里暖身 以馬拉松目標配速跑 2 趟 4 英里，搭配 1 英里恢復跑 1.5 英里收操
	6 英里	10.5 英里			13 英里
14	6 英里輕鬆跑	1.5 英里暖身 以馬拉松目標配速（每英里緩減 10 秒）跑 3 趟 2 英里，搭配 0.5 英里恢復跑 1.5 英里收操	強化跑	休息：交叉訓練／肌力訓練 OK	12 英里中長跑
	6 英里	10.5 英里			12 英里
15	6 英里輕鬆跑	1.5 英里暖身 以 10 公里配速跑 6 趟 800 公尺，搭配 400 公尺恢復跑 1.5 英里收操	速度跑	休息：交叉訓練／肌力訓練 OK	1.5 英里暖身 以馬拉松目標配速跑 3 英里－2 英里－3 英里，搭配 0.5 英里恢復跑 1.5 英里收操
	6 英里	7.5 英里			12.5 英里
16	6 英里輕鬆跑	1.5 英里暖身 以馬拉松目標配速（每英里緩減 10 秒）跑 2 趟 3 英里，搭配 1 英里恢復跑 1.5 英里收操	強化跑	休息：交叉訓練／肌力訓練 OK	12 英里中長跑
	6 英里	11 英里			12 英里

週五	週六	週日		一週總計
6 英里輕鬆跑	10 英里輕鬆跑	16 英里長跑		
6 英里	10 英里	16 英里		61.5 英里
6 英里輕鬆跑	8 英里輕鬆跑	1.5 英里暖身 以馬拉松目標配速跑 10 英里 1.5 英里收操	節奏跑	
6 英里	8 英里	13 英里		55.5 英里
6 英里輕鬆跑	10 英里輕鬆跑	16 英里長跑		
6 英里	10 英里	16 英里		58 英里
6 英里輕鬆跑	8 英里輕鬆跑	1.5 英里暖身 以馬拉松目標配速跑 10 英里 1.5 英里收操	節奏跑	
6 英里	8 英里	13 英里		56 英里

漢森訓練計畫

進階初馬（續）

週數	週一	週二	週三		週四
17	4 英里輕鬆跑	6 英里輕鬆跑	1.5 英里暖身以馬拉松目標配速（每英里緩減 10 秒）跑 6 趟 1 英里，搭配 400 公尺恢復跑 1.5 英里收操	強化跑	休息：交叉訓練／肌力訓練 OK
	4 英里	6 英里	10.5 英里		
18	4 英里輕鬆跑	6 英里輕鬆跑	1.5 英里暖身 8 英里輕鬆跑，以馬拉松目標配速跑 3 趟 2 分鐘，搭配 2 分鐘恢復跑 1.5 英里收操	節奏跑	休息：交叉訓練／肌力訓練 OK
	4 英里	6 英里	11 英里		

週五	週六	週日	一週總計
4 英里輕鬆跑	6 英里輕鬆跑	12 英里長跑	
4 英里	6 英里	12 英里	42.5 英里
4 英里輕鬆跑	輕鬆的 30 分鐘活動	**比賽日！**	
4 英里	3 英里	26.2 英里	54.2 英里

漢森訓練計畫

特快車計畫

本計畫密度極高,特別針對剛結束其他路跑訓練的跑者,比如剛完成地方慢跑團的夏季賽跑活動,下一個目標是秋季馬拉松的跑者,就是合適人選。本計畫會幫你把重心從速度轉換為針對馬拉松的訓練。因為已經有原木練就的體能,我們只需要專注訓練兩個月就好,不會讓你感覺永無止境而受不了。

　　詳讀所有訓練計畫,並選擇最符合現在的體能、需求及目標的課表,恪守計畫最能安全保證你達成目標。但是因為家庭和工作,或許完全遵守並不實際,當生活影響訓練時,想辦法調整行程安排以進行訓練很重要。第八章會說明如何不讓訓練脫軌,同時處理突發事件。

特快車課表　12週

週數	週一	週二	週三	週四
1	4 英里輕鬆跑	6 英里輕鬆跑	休息：交叉訓練 OK	1 英里暖身 以馬拉松目標配速跑 5 趟 1 英里，搭配 400 公尺恢復跑 1 英里收操
	4 英里	6 英里		8 英里
2	5 英里輕鬆跑	6 英里輕鬆跑	休息：交叉訓練 OK	1 英里暖身 以馬拉松目標配速跑 2 趟 2 英里，搭配 0.5 英里恢復跑 1 英里收操
	5 英里	6 英里		7 英里
3	6 英里輕鬆跑	1.5 英里暖身 以 10 公里配速跑 6 趟 800 公尺，搭配 400 公尺恢復跑 1.5 英里收操 〔速度跑〕	休息：交叉訓練 OK	1 英里暖身 以馬拉松目標配速跑 5 英里 1 英里收操 〔節奏跑〕
	6 英里	7.5 英里		7 英里
4	5 英里輕鬆跑	1.5 英里暖身 以馬拉松目標配速（每英里緩減 10 秒）跑 4 趟 1.5 英里，搭配 800 公尺恢復跑 1.5 英里收操 〔強化跑〕	休息：交叉訓練 OK	1.5 英里暖身 以馬拉松目標配速跑 6 英里 1.5 英里收操 〔節奏跑〕
	5 英里	11 英里		9 英里

／ 150 ／

週五	週六	週日	一週總計
4 英里輕鬆跑	8 英里輕鬆跑	10 英里長跑	
4 英里	8 英里	10 英里	40 英里
6 英里輕鬆跑	8 英里輕鬆跑	12 英里長跑	
6 英里	8 英里	12 英里	44 英里
6 英里輕鬆跑	8 英里輕鬆跑	14 英里長跑	
6 英里	8 英里	14 英里	48.5 英里
5 英里輕鬆跑	10 英里輕鬆跑	16 英里長跑	
5 英里	10 英里	16 英里	56 英里

漢森訓練計畫

特快車（續）

週數	週一	週二		週三	週四	
5	8 英里輕鬆跑	1.5 英里暖身 以 10 公里配速跑 6 趟 800 公尺，搭配 400 公尺恢復跑 1.5 英里收操	速度跑	休息：交叉訓練 OK	1.5 英里暖身 以馬拉松目標配速跑 6 英里 1.5 英里收操	節奏跑
	8 英里	7.5 英里			9 英里	
6	6 英里輕鬆跑	2 英里暖身 以馬拉松目標配速（每英里緩減 10 秒）跑 3 趟 2 英里，搭配 800 公尺恢復跑 2 英里收操	強化跑	休息：交叉訓練 OK	1.5 英里暖身 以馬拉松目標配速跑 8 英里 1.5 英里收操	節奏跑
	6 英里	11.5 英里			11 英里	
7	8 英里輕鬆跑	1.5 英里暖身 以 10 公里配速跑 5 趟 1 公里，搭配 400 公尺恢復跑 1.5 英里收操	速度跑	休息：交叉訓練 OK	1.5 英里暖身 以馬拉松目標配速跑 2 趟 5 英里，搭配 1 英里恢復跑 1.5 英里收操	節奏跑
	8 英里	7 英里			14 英里	
8	6 英里輕鬆跑	1.5 英里暖身 以馬拉松目標配速（每英里緩減 10 秒）跑 2 趟 3 英里，搭配 1 英里恢復跑 1.5 英里收操	強化跑	休息：交叉訓練 OK	1.5 英里暖身 以馬拉松目標配速跑 10 英里 1.5 英里收操	節奏跑
	6 英里	11 英里			13 英里	

週五	週六	週日	一週總計
6 英里輕鬆跑	8 英里輕鬆跑	14 英里長跑	
6 英里	8 英里	14 英里	52.5 英里
6 英里輕鬆跑	10 英里輕鬆跑	16 英里長跑	
6 英里	10 英里	16 英里	60.5 英里
6 英里輕鬆跑	8 英里輕鬆跑	14 英里長跑	
6 英里	8 英里	14 英里	58 英里
6 英里輕鬆跑	10 英里輕鬆跑	16 英里長跑	
6 英里	10 英里	16 英里	62 英里

漢森訓練計畫

特快車（續）

週數	週一	週二		週三	週四	
9	6 英里輕鬆跑	2 英里暖身 以馬拉松目標配速 （每英里緩減 10 秒） 跑 3 趟 2 英里，搭配 800 公尺恢復跑 2 英里收操		休息：交叉訓練 OK	2 英里暖身 以馬拉松目標 配速跑 2 趟 5 英里，搭配 1 英里恢復跑 2 英里收操	節奏跑
	6 英里	**11.5 英里**			**15 英里**	
10	6 英里輕鬆跑	1.5 英里暖身 以馬拉松目 標配速跑 4 趟 1.5 英里，搭 配 0.5 英里恢 復跑 1.5 英里收操	強化跑	休息：交叉訓練 OK	1.5 英里暖身 以馬拉松目標 配速跑 8 英里 1.5 英里收操	節奏跑
	6 英里	**11 英里**			**11 英里**	
11	4 英里輕鬆跑	1.5 英里暖身 以 10 公里配速跑 6 趟 800 公尺，搭配 0.25 英里恢復跑 1.5 英里收操		休息：交叉訓練 OK	1.5 英里暖身 以馬拉松目標 配速跑 6 英里 1.5 英里收操	節奏跑
	4 英里	**7.5 英里**			**9 英里**	
12	6 英里輕鬆跑	1.5 英里暖身 6 英里輕鬆跑，以馬 拉松目標配速跑 3 趟 2 分鐘，搭配 2 分鐘 恢復跑 1.5 英里收操		休息：交叉訓練 OK	6 英里輕鬆跑	
	6 英里	**9 英里**			**6 英里**	

週五	週六	週日	一週總計
6 英里輕鬆跑	8 英里輕鬆跑	14 英里長跑	
6 英里	8 英里	14 英里	60.5 英里
6 英里輕鬆跑	10 英里輕鬆跑	16 英里長跑	
6 英里	10 英里	16 英里	60 英里
4 英里輕鬆跑	4 英里輕鬆跑	12 英里長跑	
4 英里	4 英里	12 英里	40.5 英里
4 英里輕鬆跑	3 英里輕鬆活動跑	**比賽日!**	
4 英里	3 英里	26.2 英里	54.2 英里

漢森訓練計畫

第八章

調整訓練計畫

　　理想的狀態下，你會選一個訓練計畫，然後照表操課完成一生中最美妙的跑步體驗。但現實生活中，就算你有最積極的態度，訓練也不一定會照計畫走，因此應該把課表假設為最好的情況。身兼教練、跑者、配偶、家長和雇主等多重身分，我們知道訓練之路會有各種障礙冒出來打斷計畫，此時的重點是不要因此而脫軌，微調課表永遠比放棄訓練和目標來得好。無論是為了家裡的急事、生病或無預警的出差，而少做一天甚至一週的訓練，都不需要完全放棄。本章將教你如何在無法預測的每日生活中，安排可行的訓練計畫。

　　調整馬拉松計畫會比 5 公里或 10 公里計畫複雜，距離愈長，連貫性和休息就愈重要。每個人的處境會決定最適合自己的道路，不

過調整計畫時還是有適用於所有情況的大原則。請見以下說明。

原則一：維持規律訓練

要注重規律和連貫的訓練，偶爾缺席一天沒關係；但如果常常跳過好幾天，可能代表你已經不把訓練當作要務看待，這時候還是可以進行馬拉松訓練，只是你需要調整自我期望。

此時還要考量訓練動力，有動力的時候，一切都行雲流水地發生，進行訓練感覺像在征服世界。當然不會每天都這樣，但感覺沒有動力並不是翹掉訓練的理由。假如週四是節奏跑，你應該盡力在那天做完，不要一邊拖延一邊想著等哪天比較有動力了再做。久而久之，這些小改變會讓訓練計畫變得不完整，也影響你付出的心力，所以，做就對了！

原則二：維持排定的休息日和輕鬆日

一定要在素質練習之間插入輕鬆日或休息日，這樣才能讓身體適度恢復。如果你錯過了週二的速度訓練，改在週三進行，隔天沒有休息就直接做週四的節奏跑，那麼一定會受傷。這種情況下，最好的做法是把節奏跑移到週五、輕鬆跑移到週六，而長跑移到週日。這樣調整不但能容納其他事務造成的中斷，也不會打破整體訓練平衡。

調整訓練計畫

原則三：有總比沒有好

延續之前錯過週二素質練習的例子，如果當週挪不出別的時間補訓練該怎麼辦？你可以直接跳過。沒錯，就減少損失，直接做下一個素質練習吧。有時候真的沒有其他選擇餘地。如果沒時間做完整套訓練，可以考慮插入一段快跑，或是簡化訓練，做你能做的部分。就算是 25 分鐘的跑步，也比什麼都不做來得好。

進一步來說，迫使大家必須調整訓練的情況可以大致分為以下六大類：

突發狀況：偶然發生的情況，如看診。

持續狀況：計畫好的事情總是和素質練習日撞期，例如小孩每週二要上游泳課，和課表上的素質練習日同一天。

持續突發狀況：常因為工作的關係每週都無法預測，例如已知必須出差，但常到一週前或幾天前才得知細節。

路跑比賽：一場比賽會影響前後數日和當天的訓練，了解適合比賽的時機以及如何調整很重要。

輕微傷病：可能需要暫停訓練 3 ～ 5 天。

嚴重傷病：可能需要連續暫停訓練 7 天以上。

突發狀況

生活總有突發狀況會打斷日常事務。車子拋錨，害你不能慢跑。孩子生病，你只好放棄訓練。馬拉松訓練期間，有可能會發生一兩次這類情況。大多數時候最好在隔天直接往下訓練，例如週三要看眼科必須暫停一天，而週四有節奏跑，那就直接在週四跑節奏跑，不需要補週三的訓練。如果當週必須再暫停一天，可以找時間做輕鬆跑，彌補一點距離。有些人會把錯失的距離分散加入其他日子的訓練，慢慢補回一週總距離，這麼做當然可以，但是沒有必要。

如果你因為身體不適或生病而休息一天，那就另當別論。我們會在後面詳述受傷和生病，身體不適時就不要直接做素質練習，而要改成輕鬆跑。輕鬆跑後如果覺得已經完全恢復，就能再次照課表訓練。

持續狀況

擇定訓練計畫後，發現每週的某一天完全無法進行課表上的訓練，比如有些人因為宗教因素或是家庭活動，希望每週日都能完全休息。的確可以這樣調整，大多數情況下，只要簡單且連貫地交換或調動訓練日即可。舉週日休息的例子來說，可以把長跑移到週六，再把週六的輕鬆跑換到每週的休息日，這樣休息日就能移到週日。現在，你可能只有一個休息日，而素質練習日之間變成輕鬆跑，所以訓練時要更注意跑的方式和之後的恢復。這也是件好事，因為你非得克制自己別跑太快才行。此時調整的重點是彈性和連貫性。

持續突發狀況

這是出差常見的問題。這兩週你可能有「正常」的行程，接著突然要到國外出差 3 天。很麻煩，但不能當作 3 天不訓練的藉口。此時你得發揮創意。你可能會想調換當週的課表安排，或是減少一點訓練量。這麼做並不理想，還有可能害你要重新評估目標完賽時間。但不必慌張，這還是能處理的情況，只要記得調整你能實際完成的行程並且盡可能做訓練。如果跑馬拉松對你而言夠重要，就一定找得到辦法。

路跑比賽

跑者需要調整訓練計畫最常見的原因就是比賽。雖然我們建議馬拉松比賽前盡量減少其他比賽，不過有時候參加比賽對你還是有好處。比如我們說過，新手跑者參加 5 公里或 10 公里比賽，有助於建立馬拉松訓練的參考基準。

除此之外，對於幾乎沒有路跑經驗的人，在馬拉松比賽前先熟悉比賽的氣氛也有幫助。給你機會做賽前準備，到時候便能夠駕輕就熟地面對初次馬拉松。

參加路跑會有幫助，但是必須策略性地安排時機，最適合的時間點會依照選擇的計畫不同而異。

初階訓練：這個課表有兩個好時機可以安排比賽，在不影響整體訓練的情況下，逐步進行更長距離的比賽。第一個時機是第五週的結尾，適合跑一場 10 公里路跑，因為第五週時你已經知道自己能跑 3 英里，如果還在找尋馬拉松目標，10 公里可以當作更好的比較

值。

為這場比賽調整很容易：假設 10 公里比賽在週六，你可以劃掉週日的 10 英里長跑，然後把原本週六的 6 英里跑量移過去，週六就盡全力跑 10 公里比賽。記得前後都要有 2 英里的暖身和收操，這就等於補上原定週日的 10 英里跑量。如此，那週的總距離就不受影響，而且接下來連續 3 天都是休息日或輕鬆跑，才會迎來下一個素質練習，這 3 天有很多時間恢復，也不會減少該跑的距離。

第二個參加比賽的時機是在第 10 週的結尾跑一場半馬。如果你從第 5 週的 10 公里賽後就調整了目標，經過 5 週跑一場半馬就能看出體能的進步。更重要的是，你還會有大約 6.5 週能調整到馬拉松狀態。

訓練的最後 2 個月內有距離最遠的長跑和專門針對馬拉松的訓練，因此最好不要在這 8 週內參加路跑比賽。

在課表裡插入半馬比賽，需要比 10 公里賽更多的技巧，假設半馬賽在第 10 週的週日，就必須做以下調整：

- 把週四的休息日調到週五。
- 把週六的 8 英里調到週四。
- 把週五的 4 英里調到週六。
- 週日不跑節奏跑，改成參加比賽。

至於半馬怎麼跑，我們不建議你拚盡全力，選擇初階訓練計畫的人很可能從沒跑過像 13.1 英里這麼長距離的比賽。此外你的訓練量也沒有減少，只是調換了順序。所以對未知的領域最好謹慎面對。

調整訓練計畫

如果你野心勃勃，懷抱不實際的期待，結果可能會摧毀你的自信心；但如果以輕鬆的心態給自己驚喜，就能乘勢而行。

以收斂的方式跑半馬，首先把前 2 英里當作暖身，再慢慢加快配速，把接下來 6 英里當作馬拉松配速節奏跑。跑完這 8 英里後，可以稍微試一下水溫。如果不太有自信，可以維持穩定配速就好；如果想測試自己的能耐，可以在接下來 3 英里以比馬拉松目標配速每英里快 10 ～ 15 秒的配速來跑，最後剩下的距離就當作收操。

記住，這場比賽雖然可以幫助你確定馬拉松目標，但目的不是要調整，而是製造機會讓自己熟悉長距離路跑。同時必須控制情緒、注意配速和學著有耐心，這些都是成功跑馬拉松的要素。

只求完賽：使用此課表的人跟初階訓練計畫一樣可以跑 2 場比賽，同樣應在第 5 週跑 10 公里賽，但是需要調整的行程比較多。假設 10 公里賽在週六：

- ·把週四和週五對調。
- ·刪掉週日的 6 英里跑步。
- ·把週六的 4 英里跑步調到週日。
- ·週六比賽時前後 1 英里當作暖身和收操。

對只求完賽計畫而言，最適合跑半馬的時機是第 13 週。該週有 16 英里長跑，配合一點調整就可以替換成半馬比賽。為了把半馬變成 16 英里長跑日，你可以在比賽前後額外跑 1.5 英里的暖身和收操，或是在賽前跑 3 英里暖身，賽後直接放鬆和吃點心（比賽最棒的部

分）。

在第 13 週跑半馬給你很棒的機會練習正確配速，以及保持耐心和穩定情緒。

進階初馬：選擇此課表的人，大多數跑過很多 10 公里賽，甚至幾場半馬，對比賽氣氛很有經驗。這表示不需要慢慢增長比賽距離。把大部分精力花在訓練上會更好。亦即，在第 16 週跑一場半馬就已足夠。這週是課表裡最後一個大量訓練週，此時跑半馬可以為全馬來場彩排。

如果半馬賽在第 16 週的週日，你可以這樣安排：

· 把週五和週日對調。
· 把週四的 12 英里減為 10 英里。
· 週日比賽時，前後維持 1.5 英里的暖身和收操，以 13.1 英里的半馬比賽取代原本的節奏跑。
· 比賽時，前 8 ～ 10 英里以馬拉松目標配速，之後可以決定是否加快。

半馬比賽的目的不是刷新個人紀錄，而是在比賽氛圍內練習控制配速、保持耐心，以及實行補給、補水計畫。

在正確的時機以正確的心態跑這些較不重要的比賽，可以為你的馬拉松訓練提供很好的回饋。比賽不是用來取代訓練，而是作為補充。記住，訓練計畫中的一切都有目的，而且對最終目標有幫助，而不是偏離目標。如果你選擇特快車計畫，那準則和進階初馬計畫

調整訓練計畫

一樣，請見上方資訊。

生病或受傷

　　生病和受傷絕對是調整馬拉松訓練最令人沮喪的原因。為初馬訓練的幾個月裡，你很可能至少感冒一次。至於受傷的機率雖然不等於零，但已透過聰明訓練法大致避免。就算你完全照著課表做，還是有可能被人行道絆倒，或是在不平的道路上扭傷腳踝。

　　面對這種情況的第一步，是判斷你需要休息 1 ～ 2 天，或是只要微調訓練即可。

　　如果會痛，可以考慮以下列經驗法則來做判斷：

・在 0 ～ 10 分的量表上，你的疼痛程度是幾分？如果分數超過 3 就不要跑。
・跑步期間和之後會跛腳嗎？會的話就不要跑。
・需要用藥才能跑步或麻痺痛覺嗎？是的話就不要跑。

　　生病的話，一般的經驗法則是發燒就別跑，康復更重要。發燒時，跑步只會拖延身體康復的速度，讓你的進度更落後。但如果只是感冒流鼻涕，你也許還能撐過當天課表，或是微調即可。

　　以下準則可幫你調整一天訓練，目的是盡可能減少體能受損或喪失。選擇最適合自己情況的調整法，要選會改善情況的方案，而不是會惡化的方案。調整方案依照程度不同排序，敘述從微調（對實際訓練的項目調整）到大改（完全休息）。

　　做完訓練，但把訓練依據從距離改為時間以減少壓力。例如原

本是 10 趟 400 公尺，搭配 400 公尺恢復跑，可改為 10 趟 2 分鐘，搭配合 3 分鐘休息，只要估算本來跑指定距離（400 公尺）所需的時間（2 分鐘）即可。

跑完當天指定的距離，但是降低配速，或是減少高強度跑的量。

跑完當天指定的距離，但是採用輕鬆跑的配速。

減少當天指定的距離，並且採用輕鬆跑的配速。

把跑步跟交叉訓練交換，並且加入核心運動和阻力訓練（resistance training），選擇愈接近跑步的交叉訓練愈好（但不要讓受傷部位惡化）。最受歡迎的是橢圓滑步機、騎單車和游泳，至於核心運動和阻力訓練，請見第十一章（補充訓練）的詳細建議。

只做核心運動和阻力訓練，更多補充訓練的資訊請見第十一章，只做不會讓受傷部位惡化的運動。

完全休息一天。

當情況嚴重而必須休息更久時，可能需要調整一整個課表（最壞的情況是要放棄目標），針對休息的長度不同，調整也會不同。

【休息 1～2 天】

初階訓練、進階初馬或特快車計畫：因為輕微傷病缺席幾天很容易彌補，你可以直接繼續正常訓練，不需要減少距離或強度，只是錯過 2 天跑步沒有關係。舉例而言，你週日長跑結束時不小心踩錯地方而扭到腳踝，導致週一和週二必須休息，週三可以直接做當天的訓練。如果覺得自己 100% 恢復，也可以把週二的素質練習移到週三、把週四的節奏跑移到週五，這樣還是可以做完當週的素質練習，而且遵守原則在素質練習中間插入輕鬆日或休息日。不過如果

調整訓練計畫

你無法改變行程做完素質練習，那就直接往下做週四的節奏跑，放棄錯過的素質練習。雖然缺席很多訓練會影響馬拉松目標，但只少做一項並不會成為阻礙。

只求完賽計畫：缺席 1 ～ 2 天只會拖延一點點進度（甚至不會拖延）。如果你錯過 1 天就直接往下做，如果錯過 2 天，在回來的那一天把指定距離縮短 1 ～ 2 英里，之後就可以繼續按照課表進行。

【休息 3 ～ 6 天】

初階訓練、進階初馬或特快車計畫：這段期間就算完全沒有跑步，身體退化程度也很小。通常必須休息這麼久的人，不是得了 24 小時感冒或者某部位疼痛這麼簡單。如果療養期間感覺可以短暫輕鬆慢跑，就盡量去做。但如果真的沒辦法，也不用擔心這 3 ～ 6 天會影響目標。重新開始訓練時，先跑 2 ～ 3 天輕鬆跑，再接上原本的課表照著做。

只求完賽計畫：恢復訓練時，把前 3 天的跑步距離減少 25 ～ 30%，之後再照原定課表執行。如果錯過 5 ～ 6 天的訓練，先跑 3 ～ 4 天的輕鬆跑，再回頭做錯過的前一週課表。那週完成後，直接跳過一週，接上原定的進度。例如你錯過第 3 週，那在第 4 週跑輕鬆跑，第 5 週時按照第 3 週的課表訓練，結束後直接跳到第 6 週並完全依照原定的訓練量執行。

【休息 7 ～ 10 天】

初階訓練、進階初馬或特快車計畫：此時你之前努力獲得的生理適應開始流失，增進體能所需的時間和努力總是比失去還多。1 ～ 1.5 週沒有跑步，課表需要大幅度調整，不過調整還會依照休息發生在課表的哪個部分而異。如果在強度訓練之前，就只需要微調比賽目標，但如果發生在強度訓練開始之後，你可能就需要調整比賽目標了，原因如下：(1) 可能沒時間做完所有指定訓練，以及 (2) 可能沒有足夠時間讓理想的生理適應發生。注意，如果休息期間可以進行簡短、輕鬆的慢跑而且得到醫師的允許，就能大幅縮短恢復到正常訓練的時間。雖然必須調整訓練，但無論如何都不必完全放棄跑馬拉松的計畫。

恢復訓練時應該先跑輕鬆跑，天數比照錯過的天數計算，如果缺席 1 週就跑 1 週。之後回頭做休息前一週的課表，再做錯過的一週，完成後跳回原定進度課表，所以錯過 1 週就需要 3 週來趕上進度。如果休息期間有辦法輕鬆慢跑，恢復訓練時可減少一週，無論你在計畫的哪個時機休息都適用此建議，可是一旦開始強度訓練，算一算就會發現時間根本不夠。

這個情況在特快車計畫尤其明顯，因為該計畫本來就只有 12 週，雖然大多數人恢復的速度都夠快，還能參加比賽，但可能會犧牲目標完賽時間。一旦進入訓練的最後 4 ～ 6 週，就要考量比賽時機的優缺點。如果你要參加波士頓馬拉松門檻賽，但在比賽前 5 週休息了 10 天，不妨考慮改參加其他晚一點的比賽，給自己多一點時間。不過如果能接受無法達到目標，那就參賽吧。

　　　　　　　　調整訓練計畫

只求完賽計畫：恢復訓練時，從休息前完成的那一週開始，跑所有指定距離的 60%。接著重複那一週課表，但這次不用 60% 而用 100% 去跑，之後就可以跳回原定進度。

【休息 11 天以上（全計畫）】

　　如果你被迫要休息這麼長的時間，無論使用哪個訓練計畫，你都必須面對嚴肅的決定。訓練中斷 2 週後，身體大量損失先前的成果高達 3 ～ 5%。數字也許看起來不大，但這麼想吧，對馬拉松完賽目標是 3 小時的跑者而言，4% 表示會超過 7 分鐘。目標完賽時間愈長，往後延遲的時間就愈多，更慘的是，中斷訓練超過 21 天的人，此時失去的體能達到 10% 以上。這表示最大攝氧量和血液容積都可能減少 10%，無氧閾值也大幅下降，肌肉肝醣儲存量甚至會減少高達 30%，這些都對比賽表現很重要。如果你缺席 2 週訓練，光是要恢復受傷前的狀態就需要超過 2 週的時間，更加拖累整體進度。如果中斷發生在強度訓練開始之後，影響更大，可能根本沒有時間能重拾體能和為目標比賽做準備。

　　雖然無法發揮最佳表現，進階跑者在這個情況下可能還能偷做幾個簡短的訓練並且完賽，只是達不到原定的目標完賽時間。但是新手跑者面對失去大量訓練時間，趕鴨子上架參加比賽，必須特別小心，所有身在這種處境的跑者都應該考慮改參加別場比賽，或至少調整目標完賽時間。在我們當教練的歲月裡，看過太多人傷後急著負傷比賽，放棄了好好康復的機會反而得到不好的比賽經驗。

　　如果你執意要跑原定的那一場比賽，一定要退一步並且了解自己休息的那段時間對身體的影響。如果中斷了 2 週，目標時間應

該調整 3 ～ 5%，如果中斷時間將近 3 週，應該調整預期時間 7 ～ 10%。例如甲跑者缺席了 2 週訓練而他的馬拉松目標是 3 小時 30 分，則調整量應該介於 6.3 分鐘（210×0.03）到 10.5 分鐘（210×0.05）之間，新的目標時間會在 3 小時 36 分至 3 小時 41 分之間。如果你中斷訓練的時間超過 4 週，我們建議你直接選擇別場比賽。

休息期間的衡量

　　雖然我們提供了很多調整訓練課表的方法，但是必須強調盡可能避免任何沒有規劃的中斷時間。就算雙腿又累又痠也一樣，因為痠痛不一定代表受傷。訓練中你會有段時間感覺雙腿發疼、疲勞且莫名痠痛，這是隨著訓練的境界而來的反應。訓練時，很多適應都是在你一點也不想跑步的時候去跑才會得到。

　　如果你真的受傷了，身體會有不一樣的反應。對於輕微的受傷，除了休息，一定要找出根本原因，不然恢復訓練後還是會遇上相同的問題。比如你如果小腿有脛痛症候群（shin splint），就想想減輕疼痛的辦法，像是買一雙新鞋或是進行強度訓練。傷後如果身體能承受，就在療養期間減少量和強度，但持續跑簡短而輕鬆的慢跑。療養時必須減少訓練，但只要找出受傷的原因並加以治療，期間不見得要完全停止。如果能維持一定程度的運動，體能損失會大幅降低，而恢復正常訓練的速度也會加快。

PART IV——THE STRATEGY

第四部　策略

第九章

設定目標

選好訓練計畫之後，是時候決定比賽目標了。在日復一日的訓練中找到樂趣有其意義，但是為比賽設定目標可以讓你保有動力，尤其是在熱情稍減時，有目標就能敦促自己綁好鞋帶出門跑步。

《戶外探索》（*Outside*）雜誌曾刊載一些數據，對馬拉松目標提供了一些有趣的啟發。健身追蹤平臺 Strava 對登錄在其系統內的 8,060 萬筆跑步數據進行整合分析，這些數據來自該平臺的社群、訓練日誌網站及手機軟體，涉及 180 萬名馬拉松跑者。數據顯示，其中 70% 的完賽目標都在 3～4 小時。這群人每週跑 35 英里，每次跑步大多介於 5～10 英里，且速度低於比賽配速。但有趣的是，完賽目標在 4 小時以上的跑者，他們每週約跑 25 英里，且每次跑步距離

大多比前一群人短，速度則高於馬拉松配速。

從分析結果來看，有很多跑者雖然懷抱滿腔熱血，卻用了雜亂無章的方法訓練，這樣有什麼意義呢？你都要花時間和精力了，為何不盡量用聰明且健康的方式，給自己最大的成功機會？

使用完賽時間對照表

經過複雜的演算法，完賽時間對照表可將一個距離的路跑成績換算成等同於其他距離的表現。

假設你的 5 公里賽事成績是 25 分鐘，而且想當作馬拉松目標完賽時間的基準，你可能已經預料到，不是用當初的配速乘以距離這麼簡單。即使你更適合長跑，隨著距離增加，配速也會減慢。完賽時間對照表提供的不是簡單的推算而已，而是考量了減慢的部分，提供預估的對照成績（見表 9.1）。

完賽時間對照表幫助跑者決定適當的訓練配速目標。它固然好用，但不要把算出來的數字當作成功與否的標準。對照表提供的預測是適用於廣大跑步人口的廣泛數字，並未考量個人的強項和弱點，因此只能算是紙上談兵。

從以下截取的一列來看，假如一名跑者的基礎體能 5 公里成績是 20 分鐘，用這個成績在表格上對照，會找到 3 小時 14 分 58 秒的全馬目標完賽時間。

1英里	2英里	5公里	10公里	15公里	10英里	半馬	25公里	全馬
5:46	12:19	20:00	41:33:00	1:04:23	1:09:37	1:32:27	1:51:17	3:14:58

預測值是假設跑者在所有距離都一樣拿手，但如同第四章所說，有些人天生就適合短距離快跑，有些人則在耐力運動占優勢。如果是快跑型的跑者，以短距離賽的成績去推估馬拉松目標只會讓自己失望，當用以推算的路跑距離差距愈大，情況就愈明顯，因為錯誤的空間比較大。所以在慢慢縮小目標範圍的時候，必須考量非常多因素，完賽時間對照表能給你一個很好的起點，但它僅只是眾多目標設定工具裡的一個。

設定目標

表 9.1　完賽時間對照表

1 英里	2 英里	5 公里	10 公里
12:59	27:43:00	45:00:00	1:33:29
12:16	26:10:00	42:30:00	1:28:17
11:32	24:38:00	40:00:00	1:23:06
11:24	24:19:00	39:30:00	1:22:03
11:15	24:01:00	39:00:00	1:21:01
11:06	23:42	38:30:00	1:19:59
10:58	23:24	38:00:00	1:18:56
10:49	23:06	37:30:00	1:17:54
10:40	22:47	37:00:00	1:16:52
10:32	22:29	36:30:00	1:15:49
10:23	22:10	36:00:00	1:14:47
10:14	21:52	35:30:00	1:13:45
10:06	21:33	35:00:00	1:12:42
9:57	21:15	34:30:00	1:11:40
9:48	20:56	34:00:00	1:10:38
9:40	20:38	33:30:00	1:09:35
9:31	20:19	33:00:00	1:08:33
9:22	20:01	32:30:00	1:07:31
9:14	19:42	32:00:00	1:06:28
9:05	19:24	31:30:00	1:05:26
8:56	19:05	31:00:00	1:04:24
8:48	18:47	30:30:00	1:03:21
8:39	18:28	30:00:00	1:02:19
8:30	18:10	29:30:00	1:01:17
8:22	17:51	29:00:00	1:00:15
8:13	17:33	28:30:00	59:12:00
8:04	17:14	28:00:00	58:10:00

15 公里	10 英里	半馬	25 公里	全馬
2:24:51	2:36:38	3:28:01	4:10:24	7:18:42
2:16:49	2:27:56	3:16:27	3:56:29	6:54:19
2:08:46	2:19:14	3:04:54	3:42:35	6:29:57
2:07:09	2:17:29	3:02:35	3:39:48	6:25:04
2:05:33	2:15:45	3:00:16	3:37:01	6:20:12
2:03:56	2:14:00	2:57:58	3:34:14	6:15:20
2:02:19	2:12:16	2:55:39	3:31:27	6:10:27
2:00:43	2:10:32	2:53:20	3:28:40	6:05:35
1:59:06	2:08:47	2:51:02	3:25:53	6:00:42
1:57:30	2:07:03	2:48:43	3:23:06	5:55:50
1:55:53	2:05:18	2:46:24	3:20:19	5:50:57
1:54:17	2:03:34	2:44:06	3:17:32	5:46:05
1:52:40	2:01:49	2:41:47	3:14:45	5:41:12
1:51:03	2:00:05	2:39:28	3:11:58	5:36:20
1:49:27	1:58:21	2:37:10	3:09:11	5:31:27
1:47:50	1:56:36	2:34:51	3:06:25	5:26:35
1:46:14	1:54:52	2:32:32	3:03:38	5:21:42
1:44:37	1:53:07	2:30:14	3:00:51	5:16:50
1:43:01	1:51:23	2:27:55	2:58:04	5:11:58
1:41:24	1:49:38	2:25:36	2:55:17	5:07:05
1:39:47	1:47:54	2:23:18	2:52:30	5:02:13
1:38:11	1:46:10	2:20:59	2:49:43	4:57:20
1:36:34	1:44:25	2:18:40	2:46:56	4:52:28
1:34:58	1:42:41	2:16:22	2:44:09	4:47:35
1:33:21	1:40:56	2:14:03	2:41:22	4:42:43
1:31:45	1:39:12	2:11:44	2:38:35	4:37:50
1:30:08	1:37:28	2:09:26	2:35:48	4:32:58

設定目標

表 9.1 完賽時間對照表（續）

1 英里	2 英里	5 公里	10 公里
7:56	16:56	27:30:00	57:08:00
7:47	16:37	27:00:00	56:05:00
7:39	16:19	26:30:00	55:03:00
7:30	16:00	26:00:00	54:01:00
7:21	15:42	25:30:00	52:58:00
7:13	15:24	25:00:00	51:56:00
7:04	15:05	24:30:00	50:54:00
6:55	14:47	24:00:00	49:51:00
6:47	14:28	23:30:00	48:49:00
6:38	14:10	23:00:00	47:47:00
6:29	13:51	22:30:00	46:44:00
6:21	13:33	22:00:00	45:42:00
6:12	13:14	21:30:00	44:40:00
6:03	12:56	21:00:00	43:37:00
5:55	12:37	20:30:00	42:35:00
5:46	12:19	20:00:00	41:33:00
5:37	12:00	19:30:00	40:30:00
5:29	11:42	19:00:00	39:28:00
5:20	11:23	18:30:00	38:26:00
5:11	11:05	18:00:00	37:24:00
5:03	10:46	17:30:00	36:21:00
4:58	10:37	17:15:00	35:50:00
4:54	10:28	17:00:00	35:19:00
4:50	10:19	16:45:00	34:48:00
4:45	10:09	16:30:00	34:17:00
4:41	10:00	16:15:00	33:45:00
4:37	9:51	16:00:00	33:14:00

15 公里	10 英里	半馬	25 公里	全馬
1:28:31	1:35:43	2:07:07	2:33:01	4:28:05
1:26:55	1:33:59	2:04:48	2:30:14	4:23:13
1:25:18	1:32:14	2:02:30	2:27:27	4:18:20
1:23:42	1:30:30	2:00:11	2:24:41	4:13:28
1:22:05	1:28:45	1:57:52	2:21:54	4:08:36
1:20:29	1:27:01	1:55:34	2:19:07	4:03:43
1:18:52	1:25:17	1:53:15	2:16:20	3:58:51
1:17:15	1:23:32	1:50:56	2:13:33	3:53:58
1:15:39	1:21:48	1:48:38	2:10:46	3:49:06
1:14:02	1:20:03	1:46:19	2:07:59	3:44:13
1:12:26	1:18:19	1:44:00	2:05:12	3:39:21
1:10:49	1:16:34	1:41:42	2:02:25	3:34:28
1:09:13	1:14:50	1:39:23	1:59:38	3:29:36
1:07:36	1:13:06	1:37:04	1:56:51	3:24:43
1:05:59	1:11:21	1:34:46	1:54:04	3:19:51
1:04:23	1:09:37	1:32:27	1:51:17	3:14:58
1:02:46	1:07:52	1:30:08	1:48:30	3:10:06
1:01:10	1:06:08	1:27:50	1:45:43	3:05:14
59:33:00	1:04:24	1:25:31	1:42:57	3:00:21
57:57:00	1:02:39	1:23:12	1:40:10	2:55:29
56:20:00	1:00:55	1:20:54	1:37:23	2:50:36
55:32:00	1:00:02	1:19:44	1:33:59	2:48:10
54:43:00	59:10:00	1:18:35	1:34:36	2:45:44
53:55:00	58:18:00	1:17:26	1:33:12	2:43:17
53:07:00	57:26:00	1:16:16	1:31:49	2:40:51
52:19:00	56:34:00	1:15:07	1:30:25	2:38:25
51:30:00	55:41:00	1:13:58	1:29:02	2:35:59

設定目標

表 9.1 完賽時間對照表（續）

1 英里	2 英里	5 公里	10 公里
4:32	9:42	15:45	32:43:00
4:28	9:32	15:30	32:12:00
4:24	9:23	15:15	31:41:00
4:19	9:14	15:00	31:10:00
4:15	9:05	14:45	30:38:00
4:11	8:55	14:30	30:07:00
4:06	8:46	14:15	29:36:00
4:02	8:37	14:00	29:05:00
3:58	8:28	13:45	28:34:00
3:53	8:18	13:30	28:03:00

15 公里	10 英里	半馬	25 公里	全馬
50:42:00	54:49:00	1:12:48	1:27:38	2:33:33
49:54:00	53:57:00	1:11:39	1:26:15	2:31:06
49:05:00	53:05:00	1:10:30	1:24:51	2:28:40
48:17:00	52:13:00	1:09:20	1:23:18	2:26:14
47:29:00	51:20:00	1:08:11	1:22:05	2:23:48
46:41:00	50:28:00	1:07:02	1:20:41	2:21:21
45:52:00	49:36:00	1:05:52	1:19:18	2:18:55
45:04:00	48:44:00	1:04:43	1:17:54	2:16:29
44:16:00	47:52:00	1:03:33	1:16:31	2:14:03
43:27:00	46:59:00	1:02:24	1:15:07	2:11:36

設定目標

其他可指引目標設定的因素

決定馬拉松目標時，考量個人生理狀況、動機和生活環境都很重要。在跨出訓練的第一步之前，先想想幾個重要的因素吧。

現在和過去的訓練：你的目標應該依照目前的基礎設定，過去三個月因傷休養的人跟持續每週跑 40 英里的人應該設定不同的目標。這時要稍微依靠直覺，如果你是第一種一直在坐板凳的跑者，設定目標就該保守一點。如果你是第二種跑者，就不必這麼拘謹了。

訓練和時間：你能用來訓練的時間對訓練品質有極大影響，也深深影響最終結果。設定目標時，實際去算訓練到底要花多少時間。如果你的孩子還小或是工作很忙，可能沒辦法如你所願花大把時間在訓練上；但這不表示不能做馬拉松訓練，只是在設定目標時必須考量時間限制。時間不只決定了每天能傾注多少精力和時光在訓練上，長期下來也影響訓練的連貫性，尤其在馬拉松訓練中，連貫性會有極大影響。比如每週花 3 ～ 4 天跑 30 ～ 40 英里的人在 5 公里賽能有好表現，但花一樣的時間卻無法做好馬拉松訓練。每週跑 40 英里能夠完賽馬拉松嗎？可以。但是能夠拿出最佳表現嗎？簡單來說，不行。

訓練時期：訓練所需的週數和月數也可以引導目標設定。

如果你是新手，要規劃長一點的預備期，需要時把 0-5K 計畫也包含進去。如果你是一直有在訓練的老手，那針對馬拉松的訓練期間會比較短，因為你已經有很好的週跑量基礎。

外在因素：地形、氣溫和比賽規模都會影響你的表現。如果習慣在涼爽乾燥的環境下訓練，但比賽可能是在炎熱潮溼的天氣進行時，就要考量這一點來調整目標完賽時間。根據我們的經驗，只要在華氏 65 度以上，[*] 每增加 5 度，目標時間就得每英里增加 5 ～ 10 秒，調整幅度因訓練期間暴露在炎熱潮溼環境的程度而異。此外，如果比賽時會在傳統快跑賽道上進行，可以預期表現會比山坡地形來得快。如果你參加的比賽規模很大，可能要考慮人潮的問題，在目標時間多加幾分鐘，雖然晶片在跨越起點才開始計時，你還是有可能被前方大批跑者影響時間。

決定目標

要考量的因素有這麼多，要怎麼真正地決定一個目標時間呢？這麼想吧，把設定目標的過程當作教育性質的猜測遊戲，先從完賽

---

[*]　編注：華氏溫度（F）與攝氏溫度（C）的轉換公式為 F=9/5×C+32。華氏 65 度約等於攝氏 18.33 度。

　　　　　　　　　　　　　　　　　　　　設定目標

時間對照表（表 9.1）看起，拿出短距離比賽的成績找到相連的馬拉松時間，如果你的反應是：「天哪！怎麼可能做到！」那就增長時間，考量個人生理狀態、動機和生活狀況，直到你得到具有挑戰性但仍然實際的目標。如果你看了完賽時間對照表的反應是：「好，來吧！」那就思考一下前述的其他因素，看看是否仍這麼覺得。如果衡量完依然感覺這個目標可行，那就去追，甚至可以考慮把時間再縮短一點。你的能力總是比自己以為的還要更強，因此目標要定得令人生畏但不懼怕，就把這個程度的目標當作基準。

上述討論可以看出來，設定目標既是科學也是美學，還需要一點直覺。其實你的初馬表現大約會介於你認為自己能做到的範圍，以及你會害怕的範圍之間。

設定目標

第十章

選擇比賽

2004 年夏季，我加入漢森－布魯克斯長跑計畫，那時我跑過最長的比賽是10公里。但早在大學時期我就渴望有天要跑一場馬拉松，而且從生理和心理層面來看，我隱約覺得自己在愈長的距離會表現愈好。

凱斯和凱文給我直接接觸馬拉松的機會，開始考慮初馬之後，我和他們談了很久，聊到訓練、準備和目標等等。他們建議我展開正式訓練前應該考慮賽事本身，我從來沒想過這件事。凱文鼓勵我設想美好的初馬經歷應有的模樣，他說如果我不這麼做，到時候會被比賽反噬而永遠無法發揮潛能，他堅持對的比賽是美好經歷必備的一部分。

賽事或許聽起來只是枝微末節，但是會左右你的整體初馬體驗，也會影響目標的成敗與否。假如你容易在大量人群面前感到恐慌，那 6 萬人的比賽就不是明智的選擇；如果你計畫依賴沿途的補水站補給，就不能選沒有提供補給的活動。

本章會討論選擇比賽應考量的要點，選對賽場不只能創造美好回憶，還能得到勝利女神的微笑。

賽事考量

依照凱文的建議，我計算過訓練、時機和比賽之後，選了 2004 年秋季的芝加哥馬拉松作為我的初馬。結果顯示所有的計畫都很值得，風城芝加哥的大舞臺很適合當時 23 歲天真爛漫的我，這場比賽拉開了我的專業路跑事業序幕。當時大批的人潮、平坦的路線和其他跑者的能力水準，都成就了這個美好的體驗。

談到賽事選擇，一定要考量以下重要的分類。

交通和住宿

我和太太每年都會想辦法去美國密西根州的大特拉弗斯灣（Grand Traverse Bay）參加灣岸馬拉松（Bayshore Marathon）。比賽辦在密西根州特拉弗斯城（Traverse City）的密西根湖畔，城鎮人口不到 1.5 萬。想參加比賽還得經過一番瘋搶，比賽資格通常在開賣後 15 分鐘內完售。鄰近的飯店也會馬上被訂滿，一旦標準房型搶完，你的選擇就只剩昂貴的總統套房或是當地露營區的一方泥地了。

這種情況在馬拉松界不算少見。在你開始考慮某一場比賽的時

候，最好先確定能輕鬆抵達附近的城鎮及會場，還要確保到了之後有地方住。如果你只能找到遠離起點或終點的住宿位置，就要查資料了解怎麼領取比賽號碼布、賽前晚餐怎麼解決，以及比賽當天前往會場需要的交通服務。

當地的誘惑

如果比賽辦在你一直想去玩的城市，你可能會面臨很多誘惑：觀光的誘惑、想去嘗嘗曾經聽說的潮流或異國餐廳，或是晚上忍不住流連夜店或秀場。將比賽的所在地當作選擇理由沒有錯，但比賽前一定要不計代價抵抗這些誘惑。你絕對不會想在跑 26.2 英里前整天都沒坐下來，或是被不常吃的大餐撐飽了肚子。如果你是難以抗拒當觀光客的類型，那就考慮初馬參加專注在比賽本身而不是舉辦城市的賽場吧，或是就去夢寐以求的城市，跑完馬拉松，再多待 1 ～ 2 天享受所有的誘惑。

比賽路線

我們在網路社群調查跑者的初馬經驗時，有一個人打趣地說不知道當初選了舊金山的自己在想什麼。舊金山雖然有很多令人喜愛的地方，但平坦的地形就沒這麼可愛了。初馬最好能找一個地形路線跟訓練時類似的比賽，如果你只在平面道路訓練，那選擇很多爬坡的比賽無疑是在本就嚴峻的情況火上加油。同樣地，如果你都在柏油路和水泥地上慢跑，那顛簸的鄉間小道就不太適合了。

送出報名表之前，請仔細閱讀活動網站上的路線描述和高度圖，很多賽事也提供導覽影片，或是可以在 YouTube 上找到。也不要羞

於問人，可以聽聽看你的在地跑團對比賽的看法、到社群網站上詢問，以及看看慢跑部落格的心得分享。

比賽時節

所有的世界馬拉松紀錄都是在華氏 45 ～ 60 度的氣溫創造的。不是一部分而已，是全部。天氣太熱或太冷，都不利於比賽表現，這就是為什麼這麼多馬拉松都是在秋季舉辦，此時美國大多數地區有較高的機會氣溫涼爽而不至於太冷。

高於或低於華氏 45 ～ 60 度這個範圍的氣溫比較具挑戰性。氣溫愈高，脫水和體溫過高等高溫相關的疾病風險愈大。跑者一旦開始體溫過高，肌耐力就會減退，代表肌肉能大力收縮的時間比正常的時候還短。此外，還會出現新陳代謝轉移的現象。從強度來看，本來覺得舒服的配速會突然很困難，此時身體以很快的速度消耗碳水化合物，而且無法以等速補償，這兩點都會讓速度減慢。

高溫也會破壞我們的疼痛耐受能力和動力，同時加劇不適程度和情緒化的可能性。華氏 70 度可能適合來場高爾夫或騎單車，但不適合跑馬拉松。選擇比賽的時候要記得考慮這一點。

還有一個問題是，比賽日期如何搭配訓練行程表。如果想參加 3 月的比賽而且住在比較寒冷的地方，你能在嚴冬之中做到高品質的訓練嗎？相反地，如果住在夏季炎熱的低緯度，你能在 6 ～ 8 月間的酷暑好好為 9 月的馬拉松訓練嗎？

比賽規模

我們每年都會收到一些跑者的電子郵件，說到比賽剛開始的挫

折體驗。因為他們必須在一群群參賽者之間穿梭，有些人在這種情況下因為怒火、煩躁，或是想逃離人群，會跑得比預計的還要快，影響了後面整場比賽。

人群除了打斷流暢的跑步表現，還會讓一些人的幽閉恐懼症發作。大型馬拉松賽事的參賽人數有數千人，紐約馬拉松甚至超過 5 萬人參加，有些人感受到人群的活力更能發揮。但如果你知道自己被人潮包圍只會緊張焦慮，最好選擇規模較小的比賽（2 千名參賽者以下）。

比賽歷史

舉辦馬拉松比賽可不是在開玩笑，有時候需要數百名志工，經過重重規劃和數百小時的工作才能完成。歷史悠久的比賽已經被時間證實其組織體系、各方支援，以及執行完善活動的能力。這類比賽通常都有熟練的志工、經驗豐富的工作人員和明確的地方支援。全新的比賽可能很酷炫，但就缺了成功舉辦的紀錄做背書，補水站不見、搞不清楚狀況的志工，或是路線標示錯誤，都可能毀了一場比賽。

首次舉辦的路跑比賽很有趣，而且常發展成促進鄰里感情的美好活動，但不見得適合當作測試自己能力的馬拉松處女航。選一場舉辦多屆的比賽，可以剔除一些不確定因素，也能少一件煩惱的事情。

支持

對很多馬拉松跑者而言，沿途親朋好友的鼓勵、加油和支持有

莫大的幫助，如果這對你也很重要，那就選友善觀眾的比賽路線。比如芝加哥馬拉松的路線像四葉草，讓你的粉絲不必一直移動也能看到你好幾次。對於看到親友就能有助力的初馬跑者而言，這個情況堪稱完美，其他點到點的路跑就需要很多額外計畫，尤其是加油團裡有小孩子的時候更需要精細安排。

選定比賽之後請跟朋友和家人討論，看看怎麼做最適合自己的情況。如果加油團成員是幾個健康且行動自如的成人，問題就不會太大。但如果親朋好友之中有老有小，就會需要比較多計畫，或是你得調整心態，知道沿途見到他們的次數可能不多。

選對比賽跑初馬對整體規劃非常重要，長程交通、當地接駁、餐廳預約和預定住宿都需要時間。別在訓練最後關頭、已經蓄勢待發時，才做這些選擇，提早排定所有事項可以讓自己能順暢有自信地迎接比賽。

第十一章
補充訓練

　　為了跑一場最棒的馬拉松，你一定要做好大量跑步的準備。但除此之外，你還能少量做其他活動以加強表現和避免受傷，包括交叉訓練、柔軟度和肌力健身，我們希望這些活動能支持訓練而不要造成阻礙，因此要做什麼補充訓練以及訓練時機都要謹慎考量。

　　馬拉松準備就夠難了，這可不是上跆拳道課或健力課的時候，但是一點點交叉訓練、柔軟度和肌力訓練，可以強化你的馬拉松表現。這類運動不只能針對影響跑步潛能的特定弱點，還能讓訓練多元化、讓你的整體體能更好。但要記住，這只是補充訓練，不是替代訓練。

交叉訓練

　　有些訓練計畫包含大量的交叉訓練，但漢森計畫內的交叉訓練有其限制。原因很簡單：想要跑得好就要多跑，這個概念也符合生理學的基本原則，所謂的「專項性規則」（the rule of specificity）。身體會特別去適應專項訓練所承受的壓力，雖然游泳 30 分鐘對一般體能很好，但無法直接影響好的跑步表現。

　　如果你選擇交叉訓練，一定要考量之前對特定活動的經驗。跑完馬拉松後再嘗試新的運動，訓練期間雖然會感到體能達到顛峰，還是要克制對運動的狂熱。身體已經承受很多準備馬拉松的壓力，增加新的活動只會增加受傷的危險，也容易讓訓練失焦。記住：不要在馬拉松比賽前嘗試新運動。

　　大家通常想在課表休息日加入交叉訓練。騎腳踏車和皮拉提斯幾乎在所有情況下都對健康很好，但如果在馬拉松訓練期間做這些，可能只會削弱休息日的恢復程度，導致對整體的效果不彰，甚至有破壞訓練的可能。雖然這麼說，但如果你長年騎腳踏車上下班，那最好盡全力合理維持原本的慣例，這個情況下的身體早已習慣了騎腳踏車。不過如果通勤距離很長，建議你考慮在素質練習日搭公車上下班。同理，如果訓練馬拉松前你就是皮拉提斯愛好者，不必完全停止做皮拉提斯，但一定要減量。

　　訓練期間要注意身體給你的線索，如果發現自己無法從跑步運動中恢復過來，就不要做太多補充訓練。如果你懷疑有過度訓練的情況，也不要以交叉訓練取代跑步訓練，此時休息一天會更好，第二天才能神清氣爽地繼續跑步。如果你遵從課表還是覺得需要建議

補充訓練

跑步量的額外運動,建議你把注意力從交叉訓練轉移到其他地方,如柔軟度和肌力訓練,我們會在本章稍後詳談這兩者。

一些跑者宣稱自己無法承受長距離的跑步,所以需要以交叉訓練取代距離。對有些人來說真是如此,但是在你轉向橢圓滑步機之前,先仔細看看你的跑步速度、慢跑鞋、參加的路跑和任何可能影響跑步的其他原因。

如果你發現自己無論做什麼改變,似乎都無法適應長距離跑步,可能就要退一步檢視馬拉松目標了。若是真的做不到長跑,你可能不適合跑馬拉松,但這也沒有關係。多年來,在我們見過的跑者之中,掙扎著以低總距/高跑量計畫維持健康的跑者,比用中總距/中跑量的漢森計畫跑者還多。

儘管我們對交叉訓練採保留的態度,仍相信它可以對馬拉松準備有小而重要的影響。最明顯的理由是,進行替代運動是為了受傷之後的復原。如果你受了傷,補充運動可以提供減量的負重活動,增加受傷部位的血流以促進組織修復,讓你更快重回跑道。此外,它還能維持心血管功能,讓你更順利地恢復跑步。光是坐在沙發上等著損傷復原,的確不是最佳選擇。

受傷期間交叉訓練的關鍵是找到與跑步愈接近的活動愈好,如橢圓滑步機或健身腳踏車。划船機等選項雖是對心血管很好的運動,但大多訓練到上半身而對跑步肌肉沒有幫助。還要注意,不同的受傷應遵循不同的原則,比如腳骨折的時候騎健身腳踏車只會讓傷害惡化,要了解活動是否會影響受傷部位,並且一定要避開會導致疼痛的動作。

我們會建議交叉訓練的另一個情況,是在長跑之間所規劃的休

息期。比如我們的菁英計畫跑者每次完賽一場馬拉松，就會自動暫停跑步 2 週。26.2 英里的確非常累人，更不用說初次嘗試的跑者，2 週的時間能讓受損的肌肉修復、重振精神並且規劃下一步。此時交叉訓練是一種持續燃燒熱量並且避免損失訓練所得體能的方法，提供強化恢復的機會。

建議交叉訓練的最後一個原因，是給新手跑者漸進運動的機會。大多數新手以往沒有每週跑過如此長的距離，雖然理想上我們希望大家每週都跑 5 ～ 7 天，但對有些人而言這不一定可行或者明智，尤其是對新手而言。加入交叉訓練可促進有氧體能的增加，且不需要在 2 個月內把每週跑步距離增加到 2 或 3 倍，從本質而論，交叉訓練可以彌補每週跑 3 天的鴻溝，並且橋接每週 5 ～ 6 天的跑步。

柔軟度和伸展

柔軟度在慢跑界一直是很敏感的議題。我還記得高中田徑隊訓練時，從體育館慢跑到田賽場地之前，隊員會圍成一圈，隊長會大喊「跨欄式伸展！」（hurdler stretch）和「換腳！」一直以來，似乎沒人知道這麼做的好處是什麼，「柔軟度」一詞的確很模糊，究竟代表什麼呢？它只是個涵蓋許多不同概念的廣泛標籤。

伸展從 1970 年代的路跑風潮開始就和跑步密不可分。但是伸展可不簡單，而且如何伸展會從幾個方面影響跑步。柔軟度本身是指關節的靜態（被動）最大活動範圍（range of motion, ROM），一個人的關節活動範圍愈柔軟，圍繞在關節周圍的肌肉愈容易被伸展，這表示肌肉彈性較佳且較不易受傷，但也表示使出的力量較小。想

像一下伸縮橡膠玩偶，你愈是拉它的兩隻手臂，玩偶看起來愈脆弱。同樣的道理，肌肉伸展得愈長，能使用的彈力就愈少。如果阿基里斯腱的柔軟度太好，會降低身體的經濟性，因為肌腱損失了一點彈簧能力。關節活動範圍太廣可能會受到過度使用傷害，如因關節周圍虛弱導致的小腿脛痛。而另一方面，大多數人都知道太僵硬的危險，緊繃的身體會限制關節活動範圍，但同樣有過度使用傷害的可能，如跑者膝（runner's knee）和阿基里斯肌腱炎。

柔軟度的完整探討已經超過本書的範疇，但在我們的教練經驗中，大多數跑者都有一點柔軟度問題。隨著訓練程度增加，很多與柔軟度不佳相關的常見損傷會一一浮現，這些可以透過積極伸展來緩解。做這些「課外加分題」運動時，能幫助自己掌握更高度的訓練，其關鍵在於及早將伸展加入課表且養成習慣。

對跑者而言，主動關節活動範圍很重要，這類柔軟度可透過動態伸展增加。這是一組針對跑步關節和肌肉設計的動態動作。為了正確進行柔軟度運動，你必須了解靜態和動態伸展的不同，以及其在訓練當中應安排的部分。雖然多年來的研究結果互相衝突，但最新且最可信的證據顯示，動態和靜態伸展都有屬於自己的時間和地點。為了增進表現和預防受傷，在對的時間做對的伸展類型很重要。

動態伸展

動態伸展是全關節活動的律動，這些動作必須謹慎且好好控制。有一種主動伸展是快節奏、有很多彈跳動作且使關節超過自然活動範圍的，常被稱為「彈震式伸展」（ballistic stretching）。彈震式伸

展很危險且容易受傷，所以我們通常建議避免。另一方面，動態伸展注重正確的形式和動作，有助於在合理的範圍內主動增加關節活動度。動態伸展對跑者有幾個好處，第一個且最重要的好處是減少肌肉僵硬，進而降低肌肉受傷的風險。伸展也能讓身體放鬆以跑得更快，但不至於將肌肉拉扯到減損力量的程度，可以真的刺激快縮肌和中間肌纖維，這兩者常在傳統跑步訓練中被忽略。動態伸展的另一個好處是對大腦和肌肉的影響，伸展時因為同時運用肌纖維和神經系統，可促進兩者的協調合作。

　　無論哪種跑步皆可在開始前做動態伸展，以提供兩種關鍵效果。第一是當作完全休息到跑步之間很好的過渡期，比如我必須早起開車 30 分鐘跟隊員集合進行早上 8 點的晨跑，我一定會在跑步前花幾分鐘做下列一種伸展。做完會感覺筋骨鬆開，可以用比沒做時快很多的速度開始跑步。第二，動態伸展特別針對跑步的動作，是改善跑步型態和經濟性的好方法，自然關節活動範圍經過一段時間也會漸漸增加。

　　把動態伸展加入每次的準備有幾種方法，基於上述原因我盡量每天都做。在輕鬆日出門前，給自己 3 ～ 5 分鐘做下列運動的前 6 個動作，這些我們稱為「動態暖身等級一」，內容都是簡單的全關節運動，用以幫助身體準備跑步。素質練習日請做「動態暖身等級一」，然後跑 1 ～ 3 英里的暖身，跑完後再做「動態暖身等級二」，這些是增強式（plyometrics）的運動，用以幫助身體準備跑高強度的訓練。「動態暖身等級二」對素質練習日的速度和強度訓練比較重要，但也可以在節奏跑之前做，它不需要每天都做。

【動態暖身等級一】

直臂畫圓

身體站直，雙腳與肩同寬，擺動雙臂像螺旋槳一樣在身體兩側順時針畫圈。背部挺直，雙膝微彎，重複 6 ～ 10 次後將雙臂從兩側擺動至胸前交叉再擺回，同樣重複 6 ～ 10 次。此運動幫助放鬆上半身的大肌肉，提升跑步效率。跑者容易手臂和肩膀僵硬而影響步伐，做這個運動特別有幫助。

站姿側伸展

一開始姿勢與手臂擺動相同，但將雙手放在髖部，順暢地左右將身體側彎。要注意不可後彎或前彎。重複 16 ～ 20 次，此伸展能幫助維持脊椎的活動度。

髖部繞環

姿勢與站姿側伸展相同，以臀部繞圈。動作像搖呼拉圈一樣，順時針繞圈 10 ～ 12 次之後，逆時針再繞 10 ～ 12 次。此運動藉由讓髖關節放鬆，以在跑步時能跨出更大的步伐。

半深蹲

姿勢可與臀部繞圈相同，也可將雙臂向前伸直，彎曲膝蓋直到大腿與地面平行，再慢慢伸直雙腿恢復起始姿勢。重複此動作10～12次，半蹲透過全關節運動會用到所有腿部大肌肉，包括大腿後肌、臀大肌、股四頭肌和小腿後肌（阿基里斯）。[*]

縱向擺腿

站在一面牆或欄杆的右側，將重心放在左腿（裡側），並以左手扶住牆壁或欄杆，將右腿如鐘擺一樣前後擺動 10 ～ 12 次，再翻轉姿勢擺動左腿。

左右擺腿

面對牆壁或欄杆站直，雙手扶牆或欄杆，將重心放在左腿，讓右腿在身體前側擺動。在舒服的範圍內盡可能向左擺，再盡可能往回向右擺，做10～12次之後換腿。

[*] 　審訂者注：圖解為平行蹲，半蹲的臀部應比膝部高。

　　　　　　　　　　　　　　　　　補充訓練

【動態暖身等級二】

慢速跳步

慢慢地蹦跳前進 30 ～ 50 公尺（10 ～ 15 秒），
轉身再蹦跳回原點。

高抬腿

慢速往前跑並以行軍方式將膝蓋往胸部抬
高。把注意力放在抬起膝蓋上，同時適當地
擺動手臂，有節奏地與對側腿一同舉起（適
當擺動手臂是指手肘維持 90 度前後擺動，有
如裝在肩膀上的鐘擺一樣）。上下抬腿的動
作要快，但前進的移動應穩定且控制得當，
前進 30 ～ 50 公尺後回頭到原點。

踢臀跑

踢臀跑是高抬腿的相反動作。將腳跟快速往
臀部移動，動作同樣要快，但前進必須穩定，
跑 30 ～ 50 公尺後轉身再繼續踢臀跑回原點。

交叉步

也稱為葡萄藤步（grapevine）。這是最挑戰身體協調的運動，雙臂垂放或彎曲於身體兩側，雙腿與肩同寬。向左移動時將右腳往左腳後交叉，側向往左踏一步，接著再把右腳往左腳前交叉。持續此動作，基本上雙腿不斷互相交叉，而上半身在扭轉的骨盆上維持不動，移動 30 ～ 50 公尺後轉身繼續以交叉步回到原點。

箭步彈跳

動作類似高抬腿，但重點不是放在將膝蓋抬高至胸口，而是放在以著地的腿將身體向前推。此動作介於慢速跳步和高抬腿之間，前進 30 ～ 50 公尺後轉身再跨步跳回原點。

輕快跑

在動態暖身運動最後，幾乎用上全力快跑 75 ～ 100 公尺，重複 4 ～ 6 次。一定要順風快跑，再逆風慢跑回原點繼續下一段快跑。每次快跑不要超過 15 秒，速度較慢的跑者從 75 公尺開始即可。

補充訓練

積極讓肌肉運動且喚醒神經肌肉連結，可以 (1) 讓身體準備好跑快一點，(2) 針對跑步動作暖身有助於發展正確的姿勢，以及 (3) 建立快縮肌和中間肌纖維的神經肌肉連結，在馬拉松末段慢縮肌疲勞之後會帶來好處。如果你想加強表現，又不想犧牲太多時間，我們強烈建議你把動態暖身運動加入訓練中。

靜態伸展

　　大多數人談到伸展的時候是指靜態伸展，靜態伸展不像動態伸展是以主動的動作進行，而是站在原地或坐著完成。多年來，跑者都會在訓練和比賽前做靜態伸展暖身。諷刺的是，這可能是最不適合靜態伸展的時間。因為這類動作將肌肉過度伸展，導致肌肉使力的能力下降，肌肉的彈性會隨著伸展而降低，力量減少也較容易發生肌肉斷裂。不過，靜態伸展在訓練時還是有其利用價值，只是要先了解利用的時機和方法。

　　什麼時候最適合靜態伸展呢？答案依照你想達成的目的而不同。很多研究支持在訓練後做靜態伸展以預防受傷，比如小腿緊繃與後腳的內旋有關，會導致脛骨和腓骨（小腿骨）向內旋轉，這種疼痛通常稱為脛痛症候群。更精確來講，這種僵硬的情況會造成肌腱炎、疲勞性骨折、阿基里斯腱受傷和膝部問題。柔軟度不佳也容易造成骨盆前傾，使下背過度彎曲，綜合導致下背肌肉僵硬，使跑者面臨背部受傷的危險。不過，這裡必須謹慎定義何謂「訓練後」。輕鬆跑之後可以立刻做輕度靜態伸展（light static stretching routinie, LS），不僅有益於肌肉健康，也讓你感覺比較舒服，但如果你想增

進肌肉組織的延展性，那就要等到高強度訓練之後幾小時再做靜態伸展。

訓練後的輕度靜態伸展

下列 9 個伸展應該在跑步後進行，每個姿勢維持 20 秒，每組重複 1～3 次。不要伸展到疼痛或肌肉顫抖的程度，應保持動作緩慢而穩定。下列伸展應納入每日運動中，全部做完約需 10～15 分鐘，如果趕時間，可以在當天稍後再做，但不可在跑步前做。

伸展要如何安插在訓練計畫裡？

以移動為基礎的伸展，如動態暖身、伸展訓練（drill）和衝刺，應在主要的跑步之前做完。比如在跑步前做「動態暖身等級一」，可以讓肌肉準備好接下來的運動；而「動態暖身等級二」只有素質練習日需要（除了長跑以外），應在慢跑暖身之後和訓練之前的時間進行，目的是為了讓身體準備快跑。靜態伸展應在輕鬆跑之後做，也可以在素質練習收操之後進行；但有一個例外，靜態伸展的目的如果是增加肌肉長度，應該在跑步前或後數小時執行，這種伸展應當作獨立的運動或訓練。

補充訓練

下背

平躺時雙腳往胸部彎曲，伸展時將雙手放在膝窩以將膝蓋往胸部拉近。此動作能伸展從骨盆到肩胛骨之間的長背肌。

肩膀

身體站直，雙腳與肩同寬，將右手臂橫過身前與身體垂直，將左手放在右手手肘上或是稍高的位置。接著輕輕把右手臂橫越胸部向左側拉，換左手伸展。大家容易肩膀緊繃，很多跑者疲累時會向上拉肩膀，不僅姿勢不良，也會浪費能量，改成這個動作可以減少不良效果。

胸部

身體站直，面對開啟的門框，雙腳與肩同寬，稍微前後錯開以幫助平衡。雙臂平舉向外伸展（身體呈 T 字型），將雙臂放在兩側門框上，手掌貼住牆壁，向前傾直到感覺胸肌和肱二頭肌輕微伸展。很多跑者容易胸肌緊繃導致駝背，這項伸展可對抗導致跑步沒有效率的不良體態和姿勢。

小腿肌群

站在面對牆壁距離約一到兩步的位置，向前傾，雙手抵住牆壁。保持右腳不動，將左腳向後移動 12 英寸，*腳跟不可離地，隨著胸部愈來愈靠近牆壁，稍微彎曲右腿以伸展小腿後肌，換腳伸展。小腿後肌柔軟度增加，有助於避免潛在內旋和肌腱問題。

臀肌

在柔軟平坦的地方平躺，彎曲右腿讓膝蓋朝上，但腳掌貼地。接著折起左腿讓腳踝放在右膝上，左腿應與右腿垂直。將雙手手指交叉抱住右腿膝蓋窩，在舒服的範圍內盡量將右膝往胸部拉，於另一側重複這項伸展。

鼠蹊部

身體站直，雙腳超過肩膀寬度，一邊蹲下一邊將左腿向側面伸。此時只有右腿下蹲，如果需要平衡，可將雙手放在右膝上，你應該會感覺左腿內側被伸展，換邊重複動作。

*　編注：1 英寸約等於 2.54 公分。

補充訓練

腿後肌群

坐在平坦柔軟的地方，右腿貼地彎曲，
右膝讓右腳底碰觸左大腿內側，左腿向
前伸直且左膝微彎。慢慢向前彎腰，讓
伸展集中在大腿後肌群而非上背肌，換
腳伸展。

髖屈肌 / 股四頭肌

右腿向前跨，猶如弓箭步的姿勢，左
腿向後伸且左膝碰地。右膝位於右腳
踝正上方，維持身體挺直，將髖部向
前推，讓右膝超過右腳踝，左膝在髖
部後方，此時會感覺拉開左髖屈肌和
左股四頭肌。之後換邊伸展。

髖部

坐在地上，左腿伸直，右腿跨過左
腿，右腿位於左腿外側。接著擺放
左手臂讓左手肘位於右膝的外側
（左側），右手臂應支撐在靠近髖
部的地上，以左手拉右腿當作槓桿
向右旋轉。之後換邊伸展。

後面 5 個伸展動作的目的相同，骨盆的肌肉能穩定身體，但也會限制關節活動範圍。如果這裡的肌肉緊繃，你的自然步伐大小會降低，影響跑步經濟性，只要維持骨盆的肌肉柔軟和靈活的關節活動範圍，就能將自然步伐放到最大。

　　如果你想要真的拉長肌肉組織，做這些動作時要停留伸展久一點，而且會感到不適。拉長肌肉組織的過程基本上是把一整團的肌纖維拉開，這麼做會很不舒服。但幸好不是所有肌肉都需要這種伸展，大多數人只需要拉長阿基里斯腱和髖屈肌，有些人還要拉長大腿後肌。

　　維持伸展姿勢 3 ～ 5 分鐘，直到感到些微不適。記得改變需要時間，即使每天都伸展，也要將近 12 週才會有明顯改善。剛開始可能會覺得維持 3 ～ 5 分鐘很困難，所以從 1 ～ 2 分鐘開始做也沒關係。如果以 1 ～ 2 分鐘為起點，請試著每 1 ～ 2 週增加 1 分鐘，直到能維持 3 ～ 5 分鐘為止。

　　能不能用瑜珈取代呢？對傳統伸展運動而言，瑜珈是一個不錯的替代方案。瑜珈和靜態伸展類似，所以一樣要在素質練習前或後數小時進行，剛跑完輕鬆跑則可以直接做瑜珈，休息日做輕鬆的瑜珈也絕對可行。

肌力訓練

　　有些人會把肌力（阻力）訓練當作輔助運動。肌力提升可以從多方面改善跑步。第一個且最重要的是改善姿勢，尤其是感到疲勞之後的姿勢。最近我們對一名跑者做最大攝氧量測試，全程觀察發

現她後半段的姿勢大幅衰退，尤其是下背部支撐不住導致肩膀呈現圓肩，使得步伐變小很多。之後 14 週她照著我們的基本訓練計畫，加上一點下列的肌力訓練，再次測試的結果非常驚人，除了能多跑 6 分鐘，還全程維持良好的姿勢，她甚至在 2 週後的馬拉松比賽破了個人最佳紀錄達 8 分鐘以上。

肌力訓練除了可以改善比賽表現，還能透過強壯的肌肉保護身體以預防受傷，也訓練身體在耐力賽中延後使用快縮肌的時間，藉此對抗疲勞。

有很多不同的運動都屬於肌力訓練的一種，包括先前提到的動態伸展訓練、核心肌群訓練及自由重量訓練（free weights）。

有些跑者怕肌肉變大和體重增加而不敢做肌力訓練，理論上來說正確，但實際上增加肌肉重量是很困難的。如果做對運動也做對的量，一般跑者不必擔心體重增加。換句話說，每週花 2 ～ 3 天做 30 分鐘的基礎肌力訓練，不會讓你成為壯碩的橄欖球線衛，只會變成更強、更好的跑者。

在跑步課表裡加入肌力訓練有很多選擇，我們的基本哲學有三：

一、肌力訓練應該作為跑步訓練的補充，但不能取而代之。
二、肌力訓練應該改善虛弱部位、肌肉不平均和跑步姿勢，
　　本質上應有益於跑步表現。
三、肌力訓練應簡短。

肌力訓練還有等級之分，就像我們不會叫新手跑者第一天就跑

間歇跑一樣，我們也不會叫從沒做過肌力訓練的人直接舉奧運等級的舉重。我們從基礎體重和動作運動開始，如果能結合動態伸展的元素和下列運動，變強壯只是遲早的事情。先做幾週動態伸展和肌力訓練，直到兩者都掌握得宜之後，就能考慮加入阻力訓練。

訓練所花時間不應超過 10 分鐘，執行方式則很彈性。如果你在早晨跑步，可以直接在輕鬆跑之後進行，或是延後到工作空檔，甚至是晚上看電視的時候再做。假如你在晚上跑步，也是一樣的邏輯，輕鬆跑後可以直接做，或是等隔天早上煮咖啡的時候再進行也可以。*

肌力訓練要如何安插在訓練計畫裡？

馬拉松課表最適合加入肌力訓練的時機有兩個理論，第一個是在素質練習日做完所有訓練。假設早上跑了速度跑，傍晚就要做肌力訓練，這樣輕鬆日就能完全放輕鬆。第二個理論則完全相反，是在輕鬆日做肌力訓練，最大的理由是時間比較寬裕，假如今天是簡短的輕鬆跑，你可以直接在跑完後練 15 分鐘的核心肌群或其他類似健身，然後繼續過日子。

至於要選哪個理論，只要適合你的行程就可以，但有個例外是，素質練習和舉重之間應間隔數小時。如果你選擇在輕鬆日舉重，那選擇跑完步就舉重也沒關係。

* 審訂者注：如果同時考量週期化訓練觀念（periodization）和同時訓練（cocurrent traininig）的矛盾現象，馬拉松跑者在準備期所強調的肌耐力訓練，在較短訓練時間（例如同一節內）時應置於耐力訓練之前，否則肌耐力訓練適應會受到負面影響。

　　　　　　　　　　　　　補充訓練

徒手訓練

背部延展

臉朝地趴下，將重心放在腹部，雙腿與肩同寬並伸直，雙臂也向前伸直（也可以選擇將雙手放在後腰）。下背肌肉用力並挺直肩膀讓整個背部呈一直線，維持 2 ～ 3 秒後放鬆，重複 12 ～ 15 次。跑步時每踏出一步，背部就吸收腳傳來的衝擊，所以背部愈強就愈能處理力度。變化型運動：也可以在健身球上進行，用髖部貼住健身球且平衡身體，腳趾則接觸地板輔助平衡。

超人式

超人式和背部延展類似，但是背部延展只是靜態的收縮背部肌肉，超人式則要抬起一隻手臂和對側腿，臉朝地趴下，同時抬起左手臂和右腿。這個動作同時加強手臂、臀肌和背部，每次用力 1 ～ 2 秒再放鬆，每邊重複 12 ～ 15 次。上背強壯代表肩膀下垂的情況減少，促進正確的姿勢和上半身的跑步動作。變化型運動：也可以在健身球上進行。

深蹲

身體站直，兩腳與肩同寬，雙手自然下垂，彎曲髖部和膝部，動作猶如坐下來，盡可能維持深蹲姿勢讓臀部靠近地板，藉此讓臀肌和大腿後肌用力。如果髖關節無法彎曲超過 90 度，就盡可能加快深蹲速度，隨著持續練習的時間變長，深蹲角度也會增加。一開始訓練先做 10～15 次，數週後可以慢慢增加到 20 次。

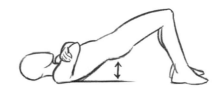

橋式

仰臥在地上，膝蓋彎曲且雙腳踩地。理想狀態是雙臂抱胸，但如果有平衡需要也可以向兩旁伸直，臀肌、背肌和大腿後肌用力將身體抬起，維持背部挺直，臀部不要下垂也不要凹背，唯一接觸地面的部位是肩膀和雙腳。每次用力 1～3 秒後放鬆，重複 12～15 次。逐漸掌握動作之後可以進階單腳版本，只留一隻腳彎曲踩地，另一隻腳伸直離開地面，重複動作時記得換腳。這個動作會加強臀肌和大腿後肌，通常這兩部分的肌肉會因為跑步的關係比股四頭肌弱，橋式也能伸展緊繃的髖屈肌。

補充訓練

側棒式

傳統棒式（plank）針對正面腹肌，側棒式則針對腹斜肌（或稱側腹肌）。向右邊側躺，彎曲右手臂讓肱骨（肩膀到手肘之間的骨頭）成  為支柱，右前臂則位於地上與身體垂直，右腳置於地上而左腳放在右腳上，身體中段不可下垂，腰部不可彎曲。維持此動作 10 ～ 20 秒後換左邊，隨著肌力增強可以延長維持動作的時間。此運動可以平衡正面腹肌和側腹肌的的力量。

棒式

將兩手前臂放在地上，使手肘位於肩膀正下方，兩手前臂與身體平行且約與肩同寬。將雙腿和身體抬離地面，並將重心放在前臂和腳趾，腳踝到頭部應呈現一直線。要避免臀部向上凸或向下垂，應維持這個動作直到撐不住為止。一開始可能只能撐 30 秒，等你能維持良好棒式 1 ～ 2 分鐘後，可以增加做這個動作的次數或是尋找棒式的變化型。

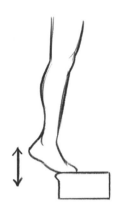

離心提踵

利用階梯或路邊的高低落差，墊腳站讓
腳跟超出階梯或落差邊緣，讓腳跟向下
沉超過平面幾公分。腳跟會比腳趾的高
度還低，再往上抬回到起始位置，雙手
可以自然下垂在身體兩旁，或是握住扶
手以幫助平衡。一開始先做 15 ～ 20 次
為一組，之後可以慢慢增加到 2 ～ 3 組。

　　上述肌力訓練動作是阻力訓練的全面性入門。如果把肌力訓練
加入跑步課表，數週內就能感受到變化。雖然跑步占去你大部分的
時間，但肌力訓練算是能又快又簡單地增進比賽表現和預防受傷的
方法。

　　適應徒手訓練之後，可以考慮加入負重，方式包括啞鈴、拉力
帶或拉力繩、藥球、機械器材或其他自由重量。選擇喜歡的器材即
可，無論何者都能讓肌肉變強。

肌力：阻力訓練

　　阻力運動應以 10 ～ 12 下為一組，每次做 1 ～ 3 組，可能要從
一組開始，隨著肌肉慢慢增強再加一組。做到最後幾下的時候應該
會感到疲勞，覺得自己無法再以正確的姿勢做下去。這一點很重要，

因為正是最後這幾下疲勞的運動，促使身體做最大的適應。

使用自己覺得重的重量，但不要重到做不完 10 下，理想狀態是大約第 12 下時達到無法維持正確姿勢的疲勞度。不過只要達到「維持不住」就可以了，所以不管發生在第 10 下或第 15 下都沒關係。記住，所有動作都要經過控制，每一組之間應恢復 60 秒。

上半身

啞鈴臥推

躺在長椅或地上，兩手拿著啞鈴向外伸，手肘彎曲 90 度，雙腿彎曲讓腳底踩地。將啞鈴上推遠離胸部，手臂會伸直與身體垂直，以相同的姿勢降低直到啞鈴稍微低於肩線，或是直到手臂接觸地面。*

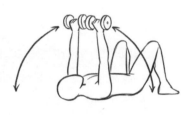

啞鈴肩推

坐在有椅背的長椅或椅子上，雙腳踩地。拿著啞鈴抬起手臂，手肘彎曲 90 度，啞鈴應位於兩側耳朵高度，將啞鈴上推直到手臂伸直。注意，不要往後倒到椅背上。將啞鈴下放，回到起始姿勢。

單臂划船

右手拿啞鈴站在長椅的右側，將左手和左膝放在長椅上，讓背部與長椅平行。右手臂向地面伸直後，將啞鈴往胸部提起直到與胸部同高，再慢慢伸直手臂回到起始姿勢。右側做完一組再換邊做左側。

下半身

啞鈴硬舉

身體站直，雙腳與肩同寬，在雙腳外側各放一個啞鈴，蹲下並一手拿起一個啞鈴，應彎曲腰部讓上半身約與地面平行。舉起時先伸直雙腿再挺直背部，輕輕讓背部下降再彎曲雙腿回到起始姿勢。

---

* 　審訂者注：圖示應為啞鈴飛鳥，臥推應向上舉。

啞鈴深蹲

兩手各拿一個啞鈴,身體站直,雙腳
與肩同寬,腳趾指向正前方,雙臂應
伸直貼近身體。手掌向身體,蹲下時
將髖部向後推並彎曲膝蓋,蹲到關節
可動範圍的極限,同時維持雙腿彼此
平行且背部挺直,慢慢恢復起始姿勢。

側弓步

身體站直,雙腳與肩同寬,拿著一個啞
鈴放在胸部高度的身體中間,且貼近身
體,膝蓋應微彎。開始時右腿固定不動,
向左跨一大步,讓左膝彎曲 90 度,右腿
應保持直挺,伸直左腿以恢復原本站立
姿勢。左右兩側交替進行,直到兩邊皆
做完 12 次側弓步。

補充訓練

第十二章
恢復

　　跑者想要證明自己有進步的時候，通常會舉出配速和距離等硬數字，在我自己的跑步生涯中，被問到「你上週跑多遠？」的次數已經數不清了。但是好像從來沒人問過：「你上週恢復多少？」這是因為，很多人都忽略了策略性休息恢復的重要，的確有人覺得那是在「浪費」時間。但在我們大談特談做了多少訓練、又跑了多遠距離之後，如果沒有從付出的努力之中恢復，其實都沒有意義。

　　漢森課表談了很多累加疲勞的概念，你可能會疑惑休息和恢復扮演什麼角色。本章將讓你了解不同類型的疲勞，以及如何在以累加疲勞為目標的同時，不要越界導致操練過頭。

疲勞：急性 vs. 累加 vs. 過度訓練

進行馬拉松訓練時，常常會覺得累和疲勞。其實這是正常的過程，而且某種程度上我們樂見如此。畢竟，訓練對身體的要求很高。不過疲勞還是有級別之分，因此必須注意各級別的症狀和徵象。

急性疲勞：你會在做完一次訓練之後感到急性疲勞。新手跑者可能在剛開始幾週的每次跑步後都會這麼覺得，因為身體正努力適應新的壓力。另一方面，經驗豐富的跑者可能只會在素質練習後產生急性疲勞，尤其是進行不拿手的訓練項目之後。比如你總是覺得長跑很困難，但速度訓練日都輕鬆過關，那你覺得經過哪一項會比較難復原？沒錯，是長跑，同樣的道理可以推論到其他所有不拿手的訓練項目。

這個狀態稱為「急性疲勞」是因為維持的期間較短。如果你像看待訓練一樣認真地看待復原，那在 48 小時內，訓練帶來的疲勞就會減輕到可以忽略的程度。

急性疲勞對進步很重要，身體會進入警戒狀態以回應你加諸的壓力，高強度的訓練會超過身體的基準值，身體為了保持體內平衡會釋放壓力賀爾蒙，以適應訓練帶來的壓力。下一次經歷一樣的壓力時，身體會準備得更好，這就是訓練適應，也就是讓身體承受良性壓力以進入警戒狀態。

要從急性疲勞中恢復，必須記住兩件事。第一，從高強度訓練恢復需要 24 ～ 48 小時，但是除非課表安排休息 1 ～ 2 天，否則不能這麼做。急性疲勞的隔天早上當然不會想再做素質練習，但你

可以且應該交叉訓練或輕鬆跑。你在課表上會看到幾乎所有休息日都寫著「休息或交叉訓練」，我們稱之為「相對恢復」。因為交叉訓練或輕鬆跑相對於前一天的高強度訓練算是恢復，此時還會補充肝醣儲藏量、補充水分和修復組織，身體處於超補償（super compensation）時期，為了前一天的訓練提供超量的補給。

那麼身體什麼時候才會準備好下一次素質練習呢？依各人狀況和訓練而異，下一次素質練習應安排在 36 ～ 72 小時之後。如果超過這個時間，身體會開始恢復到之前的基準值。如果間隔不到 36 小時，身體會面臨從良性壓力進入惡性壓力的危險，可能導致受傷、生病和過度訓練。訓練計畫中的素質練習都經過策略性的安排以避免上述情況，省去你猜測自己身體狀態的時間。

累加疲勞：漢森計畫的一大原理就是時間和訓練累積的疲勞。如上面所述，每次給身體壓力就會造成急性疲勞，恢復的速度會受到營養、水分補給和睡眠的影響。這些要素稍後都會討論。恢復速度也受到壓力多寡的影響，輕鬆日的壓力就遠低於素質練習日。

隨著馬拉松訓練的進行，你可能無法每週達到 100% 恢復，這是一件好事。訓練的目的就是要在補償期將身體維持在低程度的疲勞狀態，也就是，在良性壓力之下。訓練的最後 8 ～ 10 週大多是針對比賽的內容，此時的素質練習大部分是強化跑、8 ～ 10 英里的節奏跑和距離最長的長跑。隨著愈來愈接近訓練的重點部分，你會進入功能性過頭的階段，也就是累加疲勞的階段。此時會覺得訓練變得比較吃力、全身痠痛、看見什麼就想吃什麼，而且很累，但你還是能夠完成指定的訓練。課表設計就是要在減量訓練前 6 週，讓你維

持這種累加疲勞的狀態。接著，在減量訓練時，隨著身體恢復，超補償（即生理適應）也同時發生。恢復期結束時，你就在跑步表現的潛能巔峰。

過度訓練：這代表你越界了，訓練計畫的目的是幫你來到比賽的巔峰，但不到效益遞減的地步。累加疲勞和過度訓練狀態之間的區別因素是表現。假設你帶著遲緩且疲勞的身體面對週四的節奏跑，如果是在累加疲勞狀態，你可能感覺不夠好但幾乎能達到指定配速，就算最後幾英里變得難熬，還是有辦法使出最後一點力量撐過去。但如果是在過度訓練狀態可就做不到了，甚至差得很遠，有可能根本跑不完訓練。不過，人總有不順的時候。一次訓練做得不好，甚至幾次提不起勁的課程之後，別急著下定論或直接放棄。然而，你若覺得訓練和整體身心狀態都往不對的方向前進，便是該評估目前體能的時候了，甚至要重新考慮目標完賽時間。

平衡措施

適應訓練和弱化訓練反應之間的平衡，可能只有一線之隔。我們將討論如何對抗痠痛和快速恢復，同時仍促進適應。恢復時，你可以做很多額外的事來輔助，也有很多五花八門的產品標榜快速恢復功能。但漢森對於恢復期有兩大原則：熟練基礎和維持簡單，這裡我們把重點放在能做的基礎上，以確保恢復和訓練一樣扎實。

恢復

調整訓練以符合你的需求

　　第二章提出了一些問題，鼓勵你思考自己身為跑者的特徵，其中一題問到訓練後恢復得好不好。這一題為什麼重要呢？因為知道答案後就能調整訓練以符合自己的需求。漢森計畫結構性很強，但不死板，也沒有規定不能調動訓練日。假如你覺得週日跑完長跑後，週二還要做高強度訓練很困難，可以考慮把長跑移到週六，而將週六原本排定的課程移到週日。如此一來，長跑之後便多了整整一天能恢復。更多關於調整課表的詳細說明請見第八章。

主動恢復

　　主動恢復一詞可能有很多意思，但對我們的目標而言，主動恢復是指素質練習日的收操及輕鬆日（尤其是素質練習日隔天的輕鬆日）。收操應視為暖身的相反，暖身是為了讓身體跑快一點，收操則是為了讓身體回到休息狀態。跑者通常沒有寬裕的時間，但要知道，在高強度訓練後，就算是 1 英里或 10 分鐘的慢跑，都對整體恢復有極大助益。

　　輕鬆日對恢復也很重要，尤其是素質練習日隔天的輕鬆日。可惜很多跑者在輕鬆日容易熱血過頭，這在訓練初期特別常見。因為高強度訓練之後感覺很棒，導致輕鬆日用太快的速度在跑。輕鬆跑

一定要減緩至低強度，如果跑步時喘到無法聊天，就表示跑得太快。在本書羅列的計畫中，素質練習日的隔天不是休息日就是大約 40 分鐘的輕鬆跑（依配速不同有可能會更久一點），經過一段時間，你會發現自己訓練完後沒那麼遲鈍和萎靡，使跑步的日子更連貫、持續有氧刺激／適應，以及進步得更快。

如果你的課表在素質練習日之後安排休息日，可不代表你能什麼都不做。休息日是簡單散步、肌力訓練、瑜珈或輕度腳踏車的絕佳時機，重點是要輕鬆，並且不超過 60 分鐘。

跑步以外的恢復

說到恢復，跑步或交叉訓練以外的事情其實最有價值。就像汽車如果沒有定期換引擎油、油箱沒有汽油，以及偶爾把輪胎對調，你可不能期待車子會跑，如果連基本的保養都做不到，你也無法期待身體會有最好的表現。這些基礎包括睡眠、營養、伸展、冷水澡、壓力裝備和按摩。

【睡眠】

睡眠的重要性不在話下，但是很多人都缺乏高品質的睡眠。一夜好眠有兩大好處：第一，夜間是蛋白質合成（即蛋白質製造）的高峰期，此時好好休息，肌肉就能更快修復；第二，身體在深層睡眠的快速動眼期（Rapid Eye Movement, REM）會釋放生長激素，這個合成代謝化合物會刺激運動後的肌肉適應，甚至在恢復期間促進生長。你需要多少睡眠？根據瑜珈權威教練薩奇・魯里（Sage Rountree）的著作《運動員的恢復指南》（*The Athlete's Guide to*

Recovery），每天晚上基本要睡 8 小時。此外根據訓練量多寡也要增加睡眠時間，如果一週訓練 10 小時，每天睡眠要增加 1 小時（一天睡 9 小時）；如果訓練 15 小時，每天要睡 9.5 小時；而一週訓練 20 小時的人，每天應睡 10 個小時。為了達到最佳恢復狀態，上述是理想的睡眠時間。但我們也知道，生活總是不如預期，你常常睡不到預計的長度。如果無法得到建議的睡眠量，那就盡可能改善原有的睡眠品質，以下幾個祕訣可以更快進入快速動眼期。

· 確保臥房涼爽、黑暗且安靜。
· 調整良好的生理時鐘（每天在相同時間就寢和起床）。
· 避免在床上看電視（或手機、平板電腦）。
· 不要在睡覺前 4 ～ 5 小時內攝取咖啡因。
· 睡前要控制水分攝取。
· 睡前 3 小時可以攝取碳水化合物含量較高的飲食。
· 睡前攝取 20 克高品質的蛋白質（最好是乳清）。
· 試試含鎂的助眠精油噴霧或是高品質的保健食品。

　　日間小睡也很好，魯里建議小睡只能選 20 分鐘恢復精力的短暫睡眠，或是超過 90 分鐘的時間，其他落於兩者之間的時間都不適合。如果你能時不時地偷閒小睡片刻，最好這麼做，此時身體會釋放生長激素加快恢復和適應。魯里也建議避免睡 45 分鐘，因為這個時候醒來常常覺得更沒精神，反而難以繼續工作或訓練。

【補充營養和水分】

　　營養的投資報酬率也很高，簡單的均衡飲食和充足水分就能加快恢復速度。我們在第十三章會有更詳細的討論，這裡的重點是訓練後如何用基本的食物和水分達到立即恢復的效果。

　　健身後補充能量很重要。人體的碳水化合物儲藏量極小，而健身時間愈長且強度愈高，消耗殆盡的程度也愈嚴重。訓練後的碳水化合物攝取目標是體重每公斤攝取 1.2 公克，一個 150 磅的人約需要 82 公克，*大概是一條能量棒和水分，或是巧克力牛奶加一根香蕉。攝取碳水化合物之後，身體會馬上開始恢復，訓練完的 2 小時內要再攝取數次等量的碳水化合物。

　　素質練習後的攝取目標應為體重每公斤 5 ～ 7 公克。對我訓練的運動員而言，一天大約是 300 ～ 400 公克的碳水化合物。聽起來可能很多，但長時間的高強度訓練會把體內的肝醣儲藏量耗盡。不過，如果在訓練的同時補充醣分，絕對會對接下來整天的需求有幫助。至於蛋白質應該在素質練習後盡快補充，至少攝取 20 公克的高品質蛋白質，20 ～ 40 公克最好。一天之內的每一餐，以及睡前，也都要有 20 公克的蛋白質，如此才能保住珍貴的瘦肌肉，同時確保減掉的每一公斤都是脂肪。

　　補充水分和補充營養一樣重要，做完高強度訓練的 5 小時之內，或是大熱天，要補充 150% 流失的水分。為了精準達到目標，你可以

---

*　　編注：1 磅等於 0.45359237 公斤，150 磅約等於 68.04 公斤，故需要補充約 82（68.04×1.2）公克的碳水化合物。

在跑步前後立即秤體重以判斷流了多少汗。如果跑步後少了 2 磅，就在 5 個小時內攝取 3 磅的水，為了讓補水策略的效果更好，應該在期間內分幾段攝取。如果你在訓練完一次喝下所有的量，腸子無法吸收全部，超出吸收能力的水都會成為尿液被排出，但是分 2 ～ 3 次飲用的話，就會有更多水分被身體留下來。此外還要確保攝取的飲品裡面含有一點鈉，比如運動飲料。鈉可以幫助身體留下更多水分，減少過多水分從尿液排出。這麼做還能幫你估算正式比賽期間需要補充多少水分。我們會在第十三章做更詳細的探討。

伸展 / 柔軟度

伸展對恢復也有幫助，但如同第十一章所述，效果不會在訓練後立刻顯現。訓練完的短時間內應該注重的是補充水分和營養，伸展則放在訓練前後數小時。如果真的改不了運動後伸展的習慣，請一定要保持輕度，一旦有些微不適便再減輕。跑步或健身後做簡單的動態伸展運動，是比靜態伸展更好的選擇。

冷水澡

冷水澡會促進血管收縮，「關閉」動脈並減少血液流入受傷的組織，達到減輕發炎和疼痛的短暫效果。聽起來很棒，但身體其實需要發炎才能讓組織痊癒。發炎還能促進長期適應，如果阻擋發炎，就沒有訊息能告訴身體應該適應所受到的壓力，因為能激發適應的訊息都被攔截了。所以請把冷水澡當作特殊獎勵，或許可以在週末的長跑後短暫泡一下，當作是為了下週重新出發做準備。但不要養成一週泡好幾次冷水澡的習慣。以下還有幾個訣竅能讓冷水澡的效

果更好。

- 2 小時以上的長跑，或是 90 分鐘的高強度素質練習後，泡冷水 10 ～ 15 分鐘。
- 水溫保持在華氏 50 ～ 55 度。
- 跑完步 60 分鐘內進行（在 15 分鐘內最好）。

壓力裝備

壓力裝備是否真的有助於恢復或跑步表現仍有爭議，但有很多跑者發誓絕對有效，而我們也認為像壓力襪這種實用的單品不妨一試。理想的訓練生活是努力運動後可以坐下來讓雙腳好好放鬆，但大多數人沒有那種時間，這時候穿壓力襪就能讓腳感覺好一點。若你決定要穿壓力襪，我們建議的穿著時間是訓練時間的 2 倍，跑步 2 小時就穿 4 小時。尤其是訓練完不能休息而且還要站很久的話，穿這麼長的時間比較好。

按摩

按摩可以讓運動後緊繃的肌肉放鬆，並有助於控制發炎情況。長期的按摩可以分解疤痕組織和肌肉沾黏。只按摩 1 次不會改變肌肉結構，但如果有時間且經濟許可，每隔幾週做 1 次深層組織按摩對身體很好。如果沒辦法，至少馬拉松訓練期間每個月按 1 次。把按摩變成常態之後，你會發現肌肉變得更強韌、訓練後身體恢復速度變快，而且痠痛的問題也減少了。正式參加馬拉松比賽前，應該在前 3 週做最後一次深層組織按摩。

恢復

從訓練之中恢復跟訓練本身一樣重要。恢復的選擇有很多，幸運的是，最簡單的選項（睡眠、補充營養和水分），投資報酬率最大。當你開始不確定自己是否過度訓練的時候，可以仔細考慮恢復的情況，或許你只需要微調一些地方就能繼續高強度的訓練。

　　下一章我們會進一步討論營養和水分，兩者對跑步表現都有同樣重要的影響力。

哪一種按摩對跑者最好？

　　身為跑者，尋求跟運動員合作且有專門運動按摩經驗的人會比較好。按摩的技巧有很多種，適合別人的技巧不見得對你有效。我本身是菁英競賽運動員，我覺得針對深層組織按摩且有羅夫（Rolfing）執照證書的按摩治療師特別有幫助，這種技巧注重韌帶和肌肉的筋膜。我通常在訓練期間每 2 週做 1 次按摩，參加完大型比賽之後 1 ～ 2 週再接受比較輕度且柔和的按摩。

恢復

第十三章
營養與水分

聰明地補充營養和水分，對成功的馬拉松發揮重要的作用。你可能聽過「再怎麼運動，如果飲食不良也是白費」（You can't out-train a poor diet）的說法，身為教練和運動員，我可以保證這是真的。不只如此，訓練愈多就愈突顯不良飲食的壞處，千萬不要低估營養和水分選擇的基本重要性。只是簡單改變飲食，你的健康和運動表現就會大幅進步。營養對所有跑者都很重要，對於訓練馬拉松這種長距離的路跑更是重要。成功的 5 公里或 10 公里路跑，肯定有營養的加持，而隨著距離和強度增加，營養的重要性也隨之升高。我們不是經過認證的營養師，所以我們的建議只是從多年的教練和比賽經驗而來。我們能給你一般的建議，但更多專業的指導請諮詢醫療

人員或是運動營養師。

馬拉松營養

　　高強度訓練必須考量三個重要的營養層面：攝取充足卡路里、攝取對的卡路里，以及慎選攝取時機。搞定這三個重點就能為訓練和比賽建立最好的能量基礎。

攝取足夠卡路里

　　控制營養和飲食的第一步是了解自己一天所需的卡路里。馬拉松訓練需要消耗大量體能，卡路里需求和不運動、休閒運動或短距離路跑訓練差很多。每一天的需求也會變化，攝取正確的卡路里才能維持健康的體重並支持你的訓練。大量的卡路里赤字（calarie deficit）會毀了訓練成果和運動表現，導致過度訓練、生病和受傷等問題。很多害怕吃太多的跑者反而練到筋疲力盡或受傷，這常發生在進入高強度訓練 6 週後，如果這就是你的情況，請先檢視自己的攝取量。每當有運動員回報疲勞、提不起勁，而且訓練（及生活）都變得艱難時，我們首先檢查訓練步調，接著馬上看卡路里攝取。有時候運動員在初期還能脫離卡路里赤字，因為此時訓練強度較低而且過去曾有相同的經驗，但隨著訓練增加，卡路里需求也增加了，他們開始感到艱難。為什麼呢？因為他們的油箱已經見底。

估算卡路里攝取量

　　一天所需的卡路里可以利用基礎公式算出來，使用起來不只簡

營養與水分

單，還能根據體重和運動程度算出正確的一般範圍。

磅轉公斤：體重磅數除以 2.2
吋轉公分：身高吋數乘以 2.54

卡路里需求由三個基本要素決定。第一個是安靜代謝率（Resting Metabolic Rate, RMR），這是維持大腦和器官運作的卡路里最小值。第二個是日常活動消耗（Daily Activity Expenditure, DAE），這是一整天下來不包含運動所消耗的卡路里。這個數值變動範圍較大，因為建築工人一天消耗的卡路里一定比我坐在書桌前寫書還多。第三個是運動消耗的卡路里。*基本公式如下：

安靜代謝率＋日常活動消耗＋運動＝日常熱量消耗

計算安靜代謝率和日常活動消耗的公式如下：

1. 安靜代謝率：
男性：安靜代謝率＝（9.99× 體重公斤數）＋（6.25× 身高公分數）－（4.92× 年齡）＋ 5
女性：安靜代謝率＝（9.99× 體重公斤數）＋（6.25× 身高公分數）－（4.92× 年齡）－ 161

範例：35 歲／ 5 呎 4 吋／ 120 磅的女性
・轉換公分和公斤：

5 呎 4 吋＝ 64 吋。64×2.54 ＝ 162.56 公分

120 磅轉公斤＝ 120÷2.2 ＝ 54.55 公斤

‧將轉換後的數字帶入安靜代謝率公式：

（9.99×54.55）＋（6.25×162.56）－（4.92×35）－ 161

（544.95）＋（1,016）－（172.2）－ 161 ＝ 1,227 安靜
代謝率卡路里

2. 計算安靜代謝率＋日常活動消耗：

‧計算安靜代謝率乘以 1.2

延續範例：

1,227×1.2 ＝ 1,472

備注：1,472 不是安靜代謝率之外所需的額外卡路里，而是安靜代謝率加上日常活動消耗的數值。

3. 計算運動消耗的卡路里：

卡路里消耗受距離的影響比配速大，如果知道自己跑了多遠，就能計算燃燒了多少卡路里。

---

*　審訂者注：每日能量需求應再包括消化吸收食物所需卡路里，占總能量消耗的 7～10%。

　營養與水分

備注：卡路里消耗大約是體重每公斤跑 1 公里消耗 1 大卡。1 公里等於 0.621 英里。

延續範例，如果她跑了 10 英里，把 10 除以 0.621 就會得到 16.1 公里：

距離公里數 × 體重＝運動消耗

16.1 公里 ×54.55 公斤＝ 878.26 大卡

有了決定範例跑者所需的總熱量的資料後，我們得知她需要：

1,472（安靜代謝率＋日常活動消耗）＋ 878（運動）

＝ 2,350 大卡

算出自己的數字後，你會發現所需的總卡路里不是每天固定的數值，影響總卡路里的最大變因就是跑步的量。長跑日所需卡路里會比休息日或短跑日還多（順帶一提，這也是馬拉松訓練期通常比 5 公里訓練期要攝取更多卡路里的關鍵原因）。第二大變因可能是體重，因為隨著訓練可能會減輕。

很多人想到要算卡路里就抗拒。放心，用不著在訓練全程都計算，只有一開始的時候需要。此時了解一天需要攝取的實際食物量很重要，目標是知道什麼日子（輕鬆日或高強度日）要吃什麼食物、哪種食物效果是好的，而不需要計算每一餐飯、每一頓點心的卡路里。如果改變訓練習慣、體重減輕或是覺得狀況走下坡，也可以回

頭參考這些公式。

　　表 13.1 把一天所需的卡路里分解，變成健康而且對跑者友善的飲食，提供每天應從主要食物群攝取的建議量。隨著訓練逐漸加重，還能在素質練習的前、中、後補充運動飲料、能量棒或能量膠。

攝取對的卡路里

　　知道應攝取的卡路里多寡還不夠，下一步要了解應該吃哪些食物以達到目標。卡路里來源並非都具有同樣的營養，就像我們每日所需卡路里會隨著活動量改變，我們需要攝取的食物類型也會變化。無論訓練的目標距離為何，攝取對的養分都很重要，但馬拉松訓練特別容易突顯營養的缺乏，也讓飲食品質變得更加重要。

　　我們會從兩個角度切入這個主題，以呈現不同的營養攝取方式。第一種比較傳統，需要計算卡路里和比例。第二種則注重細微變化，以體重和　天的活動為中心。很多人現在都採用第一種方法，所以從這個方法開始比較容易理解。但是當你對自己的營養有信心以後，不用猶豫，可以嘗試使用第二種方法安排適合的飲食。這裡的目的是讓你思考卡路里來源，以及長期下來這些卡路里會幫你或害你。

　　現在追蹤卡路里和攝取量非常容易，有很多免費或者收費低廉的應用程式，可以追蹤記錄所有飲食細節。考慮花一點時間和金錢記錄飲食習慣吧，從螢幕圖表看到自己的飲食或許能有警醒作用，還能指出錯誤的地方，讓你下一次能做更好的決定。

營養與水分

碳水化合物

啊！說出口了！現在「碳水化合物」簡直和髒話沒兩樣，雖然很多人都深受低碳飲食的吸引，我們漢森計畫可是碳水化合物的頭號支持者。身體的碳水化合物儲藏量在訓練 5 公里時或許不構成煩惱，但是馬拉松訓練時一旦缺乏碳水化合物，還能再跑的距離就會極度受限。身為教練，我們的目標是幫你訓練且跑出最好的初馬，而我們深深覺得碳水化合物能有幫助。其實談到馬拉松營養時，我們都告訴跑者，碳水化合物至少要占整體飲食的 50%，使用漢森計畫的一般跑者，飲食中的碳水化合物約占 50 ～ 60%，而減量訓練期需攝取的比例更逼近 70%。接下來我們會詳談攝取比例如何依訓練不同而變化，重點是在對的時間攝取對的碳水化合物，而且不要誤把「糖」當成同一種東西。[*]對的碳水化合物不是敵人，不會讓你變胖，也不會讓脂肪燃燒的效率降低，反而會增進效率。

過去十年來，碳水化合物被媒體抹黑，大部分的資訊都有誤導的傾向。現在的確是肥胖橫行，對人體健康和國家經濟造成一大負擔。而簡單碳水化合物（simple carbohydrates）則是造成這一切的一大元凶。但你要知道，碳水化合物分為兩種類型：簡單和複合，[**]只有其中一種攝取過量的時候對健康有害。簡單碳水化合物來自精緻穀物、汽水、糖果和其他加工食品，而複合碳水化合物則存在蔬菜及全穀之中，如燕麥和糙米。這兩種碳水化合物都在耐力型運動員的飲食中扮演一角，而且會直接影響運動表現，但你應該把重點放在水果、蔬菜和全穀上。注重複合碳水化合物能使你在獲取能量的同時，攝取多種重要的維生素和礦物質。至於簡單碳水化合物，

則是在運動期間（或比賽期間）快速吸收所需，也是結束高強度訓練後，立刻開始補充能量的方法。

　　碳水化合物對耐力型運動員的飲食很重要，這有幾個原因。從運動表現的角度來看，碳水化合物轉換成能量的速度比脂肪和蛋白質快很多。隨著運動強度增加，在我們抵達最大攝氧量之後，碳水化合物讓身體以無氧的方式繼續製造能量，成了唯一的能量來源。與之相對，脂肪絕大部分用在運動強度較低的時候，因為其燃燒的速度跟不上高能量的需求；而蛋白質則是在碳水化合物的儲藏量耗盡後才會被使用。碳水化合物對水分吸收也有幫助，長跑期間補充水分時，同時補充碳水化合物能幫助胃部更快清空，讓身體運用水分更有效率。這表示水分和碳水化合物能更快抵達目的地，抵達速度愈快，能量耗盡而進入撞牆期的機率就愈低。

　　碳水化合物也是大腦和中樞神經系統的主要能量來源。比賽末段那種昏沉或無法集中精神的感覺，一般是因為肝醣（碳水化合物）儲藏量快速耗盡所導致。除此之外，碳水化合物也對代謝有影響，你可能聽過「脂肪在碳水化合物的火焰中燃燒」，基本上是說，減少攝取碳水化合物，可能會削弱燃燒脂肪的能力。雖然沒有經過證實，但這個理論認為碳水化合物和脂肪轉為能量的過程中有副產物生成，而代謝脂肪必須用到這個副產物。研究顯示，少了碳水化合物，能量轉換的過程依然會發生，但是效率會降低。所以減少攝取碳水化合物，就限制了身體的能量供給過程。最後，身體無法儲藏

＊　　審訂者注：「糖」指 sugar，是有甜味的單醣或雙醣。
＊＊　審訂者注：簡單碳水化合物指單醣和雙醣，複合碳水化合物指多醣。

　　　　　　　　　　　　　　　　　營養與水分

大量的碳水化合物，所以每天補充很重要。碳水化合物之所以在建議的飲食中占據極大比例，是因為少了碳水化合物，你就無法連貫的訓練，更遑論跑好一場馬拉松。

滿足飲食需求

　　耐力型運動員的飲食需要 50 ～ 60% 的碳水化合物，聽來或許令人卻步，尤其是還要考慮每天的需求會依活動量而變化。為了簡化過程，讓我們稍微分解一下。回頭看一下當初算出來的數字。如果輕鬆日所需卡路里較少，那麼飲食還需要 65 ～ 70% 的碳水化合物嗎？我們建議在輕鬆日和休息日，依照體重每公斤攝取 3 ～ 5 公克的碳水化合物。如果想要減重，則每公斤攝取 3 公克即可。至於素質練習日和長跑，所需卡路里會多很多，碳水化合物的建議攝取量則是體重每公斤 7 ～ 12 公克。由於男性通常比女性擁有更多的肌肉質量，大多數女性應攝取範圍內偏低的一端，而大多數男性則應攝取範圍內偏高的一端。

　　延續前面 120 磅女性的範例，表 13.1 提供範例數值：

表 13.1　範例：120 磅女跑者的碳水化合物需求

	所需碳水化合物公克數	所需卡路里公克數	一日所需卡路里	碳水化合物占一日卡路里比例
6 英里輕鬆跑	218	872	2,000	44%
速度跑	381	1,524	2,174	70%
強化跑	381	1,524	2,350	65%
10 英里節奏跑	435	1,740	2,700	65%
16 英里長跑	435	1,740	2,877	60%

這只是根據一般速度跑和強化跑的距離，所得出的大略準則，讓你能一窺每日卡路里需求的變化有多大。注意，輕鬆跑不像長距離或高強度的訓練，不需要那麼多營養補充。而高強度或長跑訓練每週只會有 2 ～ 3 天，代表剩下的 4 ～ 5 天是休息日或輕鬆日。如果每天都攝取大量的碳水化合物，體重可能會增加。但是另一方面，在素質練習日補充流失的碳水化合物則非常重要。

　　如果你想要減重，應該從卡路里分布著手。在需要的日子補充碳水化合物儲藏量，在輕鬆日則適量攝取，就能避免多餘的碳水化合物變成不要的脂肪。在輕鬆日和休息日該以哪些食物補足剩下的 50 ～ 60% 是關鍵，也是接下來要談的主題。

蛋白質

　　蛋白質在耐力訓練扮演的角色變得愈來愈重要，以前蛋白質在耐力運動員的飲食中只是填空用的。其實我們在第一本書《漢森馬拉松訓練法》中，曾建議馬拉松飲食只需要少量蛋白質，約為 10 ～ 15%。但現在有了更多新資訊，我們建議蛋白質的飲食比例應大幅調高，接近 15 ～ 20%，甚至在碳水化合物需求量較低的日子可以攝取更多蛋白質。蛋白質攝取量和碳水化合物一樣由運動量決定，有些資料建議體重每磅應攝取 0.5 ～ 0.6 公克的蛋白質，但也有其他資料建議體重每磅應攝取高達 1.5 公克。只有一件事是肯定的：訓練強度對蛋白質需求量有巨大的影響。一週跑 20 英里的 5 公里訓練跑者，和一週跑 50 英里的馬拉松訓練跑者相比，5 公里跑者需要的蛋白質一定比馬拉松跑者少。雖然蛋白質不是最主要的能量來源，但它對

營養與水分

肌肉恢復的影響很大。訓練期間的營養狀態良好，肌肉才能持續分解並修復。

大多數人每天只需要體重每公斤 1 公克的蛋白質，但是耐力運動員因為肌肉不停地分解而需要更多。我們建議跑步 1 ～ 1.5 小時的跑者攝取體重每公斤 1.2 公克的蛋白質，跑步持續 2 ～ 4 小時則攝取體重每公斤 1.4 公克。表 13.2 列出各體重的跑者，依據跑步時間不同，對蛋白質的平均需求。

運動期間，蛋白質的修復功能對馬拉松跑者是最重要的好處，而時機則決定了一切。在運動後同時攝取蛋白質和碳水化合物，可以讓肌肉受損程度降低且加快恢復速度。最重要的一點，蛋白質能幫你維持瘦肌肉質量，讓恢復狀況更好，因而能有高品質的訓練。瘦肌肉質量受到保護和維持之後，碳水化合物被儲藏的機會也更高，從而更進一步保留了瘦肌肉質量，並且讓長時間運動的能量運用更好。在極限情況下，身體會燃燒蛋白質以獲取能量，而燃燒的蛋白質來自運動肌肉，這是身體慢慢分解的象徵。如果補充營養的方法正確，脂肪和碳水化合物會提供成功完賽馬拉松所需的能量，而蛋白質則在賽後協助修復。

除非吃素，否則一般人的飲食要達到蛋白質需求通常沒有問題。比較麻煩的是攝取的時機及攝取的來源。

蛋白質攝取時間和來源

身體隨時都在平衡肌肉分解和修復的過程中，蛋白質一整天都會被分解。在運動時，分解過程會減緩，只要我們攝取蛋白質，分解就會停止，轉而開始肌肉的蛋白質合成，這讓下列三件事很重要。

表 13.2　跑者的蛋白質需求

	平均飲食	1～1.5 小時	2～4 小時
100 磅（45.5 公斤）	45.5 公克	54.6 公克	63.7 公克
125 磅（57 公斤）	57 公克	68.4 公克	79.8 公克
150 磅（68 公斤）	68 公克	81.6 公克	95.2 公克
175 磅（79.5 公斤）	79.5 公克	95.4 公克	111.3 公克
200 磅（91 公斤）	91 公克	109 公克	127.4 公克

一、每 3～4 小時吃含有蛋白質的一餐。如果不吃早餐，
身體的瘦組織可能會分解，你就無法維持或修復訓練
帶來的損傷。

二、睡前吃一點高品質的蛋白質點心。如果在傍晚 6 點 30
分吃了含有蛋白質的晚餐，然後一覺到天亮，等於有
10～12 小時沒有攝取蛋白質。這時候又不吃早餐的
話，不攝取的時間高達 16～18 小時，會讓肌肉餓壞。

三、每次素質練習和長跑之後，攝取高品質的蛋白質和碳
水化合物，此時肌肉已經受損，攝取蛋白質能中斷肌
肉分解的過程。

導循上面幾個簡單的原則，長期下來恢復的速度會變得更快。
不僅瘦肌肉質量得到維持，還能減掉不想要的脂肪體重，保留並增
加瘦組織質量，對整體健康和跑步表現都很重要。

除了攝取充足的蛋白質，從對的食物來源攝取也很重要，例如紅肉的瘦肉、禽肉、魚肉、奶和蛋。此外，有些人是蛋白質補給品的忠實信徒，乳清是個不錯的選擇，其易溶性質能快速抵達肌肉，而且富含胺基酸和其他身體無法自己製造的營養素。購買時應尋找高品質且不含乳糖的來源。酪蛋白也不失為一個好選擇，其作用速度比乳清慢，但是兩者搭配可以很好地預防肌肉分解。第三個選擇是大豆，富含高品質的蛋白質、維生素和礦物質。對吃素的人也特別好，我們之後會更詳細地討論一般補給品。

脂肪

　　脂肪是均衡飲食必備的一部分，尤其當考量到人體本身所儲存的大量脂肪時。由於脂肪每公克含有的卡路里是碳水化合物的將近 2 倍，一點點脂肪就能維持很久的飽足感。如果減少攝取脂肪，你反而會吃太少，或是被迫必須整天攝取別的營養以得到滿足感。無論是 5 公里訓練還是馬拉松訓練，飲食所需的脂肪量都差不多。從短距離訓練到長距離訓練，跑者的飲食變化只有多吃碳水化合物以補充消耗量，以及多吃蛋白質以修復並維持肌肉，但是不需要多吃脂肪。

　　人體的細胞膜結構和脊髓組織中含有脂肪，對身體表現有直接影響。而攝取脂肪最重要的理由，是能幫助身體吸收維生素 A、D、E 和 K，這些都是身體健康必需的營養素。

　　除了有益健康，脂肪能支持訓練和跑步表現。隨著耐力增強，肌肉當中的粒線體會成長且更密集，讓你有機會製造更多有氧能量，

此時脂肪和碳水化合物都會被利用。但運動強度一旦高達 85% 以上，就沒有足夠的氧氣可用來燃燒脂肪，所以碳水化合物會成為主要的燃料。一般人平均在最大跑步強度 60% 就會轉而燃燒碳水化合物，但好消息是，透過耐力訓練可以把這個數字拉高。這代表在轉而燃燒碳水化合物之前，身體能在更高強度的運動時燃燒脂肪。從實際層面來說，你能以稍快一點的速度跑稍遠一點的距離。儘管如此，我們需要的脂肪量仍不大。為了達到最佳的效果，飲食中應包含約 20% 的脂肪，而且應從堅果、魚類、種子和酪梨當中攝取，並應避免攝取肥肉。

保健食品

如果已經有均衡的飲食，還需要保健食品嗎？如果需要的話，要補充什麼？探討特定的保健食品雖然不在本書的範圍內，不過談一點概略性的建議也有幫助。很少有人能每天都達到營養目標，就算不吃垃圾食物或是只吃有機食品，也不代表能得到所有的維生素和礦物質。這時候可以吃綜合維他命，高品質的綜合維他命能確保你定期獲得正確的營養素。但是請注意，維他命產業的規範並不嚴謹，如果想確認內容物是否真的如包裝上所寫，可以找有美國國家衛生基金會（National Sanitation Foundation, NSF）認證的產品。NSF是第三方的品質檢驗單位，成立目的是保護消費者免於不良產品的侵害。如果你決定要吃保健食品，一定要確認品質，否則就等於把錢拿去沖馬桶。

馬拉松水分補給

　　人體有三分之二都是水，因此水分對跑者表現的重要性不亞於營養。而且水分和營養一樣，隨著距離增加，適當補水也變得更加重要，代表和其他較短距離的路跑訓練相比，馬拉松訓練期間需要更密切地監控水分補給。

　　大部分人都知道適當喝水對健康的好處，但你可能不知道，喝水對恢復和運動表現也有明確的影響。汗水流失對耐力運動的影響可能會讓你吃驚，研究顯示，身體含水量僅僅減少 2%，就會對生理表現產生輕微影響。水分流失 3% 時，影響力急速竄升，使最大攝氧量減少 5%。而真正對比賽具有破壞力的是 5% 水分流失，讓最大攝氧量整整降低 30%，完全成為絆腳石。人體在涼爽乾燥的日子，流汗速率可達每小時 1 ～ 2 磅，在炎熱潮溼的條件下會更多。身體對脫水的生理反應有很多面向，很多是因為心血管功能受損而導致，包括心跳率加快、心搏輸出量（stroke volume）降低及心輸出量（cardiac output）降低。上述都會影響最大攝氧量，從而影響配速。

　　除了心血管問題，脫水還會造成其他問題。身體排熱的能力會受損，使體溫升高，這不只會拖累表現，還會增加熱相關的疾病危險性，如熱衰竭和中暑。另一個脫水症狀是腸胃不適，這讓你不想多喝水，使問題更嚴重。脫水也可能導致電解質不平衡，而電解質平衡對肌肉收縮非常重要，不平衡會引起攣縮、虛弱和神經與肌肉間的傳導不完全。此外，最大攝氧量降低會讓身體以更快的速度消耗肝醣儲藏量。最糟糕的是，脫水甚至會導致認知受損，你可能無法判斷自己該停下來不要再跑。

我們不是要嚇你，只是想強調運動期間短期補水的重要性，以及數日或數週缺水的影響，判斷適當的水分攝取時，應考量下列水分流失的影響因素。

- **環境溫度**。毫無意外，愈熱的時候流愈多汗，而且體能愈好的人也會流愈多汗。

- **溼度**。有時候，溼度比氣溫的影響還要大。以 2008 年中國北京奧運為例，當時氣溫很高，但溼度適中，全體完賽時間偏快，甚至創下新的奧運紀錄。但是 2 年前在日本大阪的世界錦標賽可不一樣，當時的氣溫類似，但溼度較高，完賽時間就受到極大影響。如果你沒有貼身穿著排汗材質的衣物，貼近身體的溼度會上升，這個意思是，你愛穿的純棉上衣會在身體周圍製造更潮溼的環境。

- **體表面積**。體型較大的跑者，排熱的能力較佳，但是受熱的面積也比較大，尤其是在炎熱氣候下跑步時。基本上，體型愈大，就愈有可能覺得熱和流汗。

- **運動員訓練狀態**。訓練有素的運動員與訓練較差的人相比，降溫的潛力較好。

- **初始含水狀態**。如果比賽一開始身體就稍微缺水，一定會比水分充足的人更快到達脫水的程度。

除了了解水分如何流失，還要知道什麼因素會影響水分吸收。當我們喝水之後，水分是如何從胃部進入血液循環，讓身體能真的運用呢？碳水化合物能幫助水分吸收，但是不同類型的碳水化合物被吸收的速率也不同。碳水化合物基本上是分子鏈的構造，分子鏈愈長，停留在胃部的時間愈久。隨著科學家漸漸了解這個過程，運動飲料公司開始在產品內加入兩種長度的鏈狀碳水化合物（通常是葡萄糖和麥芽糊精）。喝下飲料時，你能同時得到短鏈和長鏈的碳水化合物。短鏈吸收快速有助於立即補充，長鏈則吸收較慢能維持長期的持續吸收。

　　任何時候攝取的水分都會影響吸收速度。一次喝下大量液體的吸收速度比較快，但你可不要在跑馬拉松途中，停在一個補水站豪飲好幾杯。最好是比賽前幾天開始喝大量的水，然後在比賽前一天早上攝取少一點。還要注意，飲品的溫度也會影響吸收，休息的時候或許沒有差異。但運動期間，冷飲離開胃部的速度似乎快很多，而室溫的飲品能夠被身體更有效地利用。

　　雖然你無法掌控比賽途中攝取的水分溫度，還是可以影響其他與吸收有關的因素，比如起跑時的身體含水量。一旦正式起跑，就不可能回頭修正含水狀態。如果才跑到 1 英里就已經缺水，整場比賽身體都會是缺水狀態。由於脫水有惡化性質，身體開始缺水後，想要補回來只會愈來愈難。除此之外，跑步速度愈快，身體吸收水分至血液循環也愈難。因為跑步時身體會將非維生功能的血液集中到運動肌肉中，腸胃的血液循環變少，全身都努力將血液送到雙腿以運輸氧氣。快跑時吸收水分除了有生理困難，還有補給的問題，

只要試過在快跑時喝水的人都知道，潑出去的水比喝下去的水還多。

　　就比賽表現而言，監控含水量與任何其他訓練層面一樣重要。水分會維持你的健康，讓你能連貫地訓練，在輕鬆跑、素質練習日及比賽當天都支持著你。想要掌握適當的營養和補水，需要多加練習。訓練初始可能需要較多注意力，但是漸漸地，判斷能力就會提升，與能量相關的知識也會增加。

低血鈉症

　　當血液中的鈉和水失衡時，就會發生低血鈉症。這常發生在大量流汗同時又大量喝水的跑者身上。為了較短的距離而訓練或比賽時，脫水的機率很小，但是跑馬拉松時，會不斷有人提醒要多喝水，因此許多人喝下的水超過需求量很多，而且水中也沒有添加電解質。由於神經衝動和正常的肌肉功能都需要用到鈉，電解質缺乏打斷了重要的身體平衡。低血鈉症分為三種類型：等容積性（euvolemic），水含量增加，但鈉含量維持一樣；高容積性（hypervolemic），水含量與鈉含量都增加，但水含量的增加速度快很多；低容積性（hypovolemic），水含量與鈉含量都減少，但鈉含量的減少速度較快。這三種類型，血液中的鈉濃度都降低，就像稀釋開特力（Gatorade）運動飲料，喝到一半再拿去加水，讓原本的濃度降低。

　　低血鈉症對身體的影響非常嚴重，其對大腦和肌肉功能的影響，甚至可達到昏迷或死亡的程度。適度的補水計畫很重要，請遵守以下原則。

　　·如果要持續運動超過 1 小時，那就補充運動飲料。

- 了解自己的運動排汗率並補充相對應的水分。大多數人都會補足汗水流失量的 65 ～ 80%，有些人甚至更多（你可以在網路上找到互動式的工作表，計算自己的排汗率，如 www.mysportscience.com）。

- 恢復期選擇含有電解質的飲品，有很多日常補水產品提供低碳水化合物的選擇。

訓練期間的食物和水分攝取

訓練前

　　訓練前可能是最難攝取營養和水分的時間，尤其是在清晨上班前跑步的人。在晨跑前提早 1 小時起床補給能量比較理想，但我們了解忙碌的跑者很重視睡眠，特別是每天的訓練量都很大而身體需要恢復的時期，這時候跑步和睡覺的每一分鐘都很重要。安排訓練前準備時，你應該考量和時間相關的優缺點。如果為了提早 1 小時起床補給能量，必須把睡眠時間縮減至 5 ～ 6 小時，或許睡前吃一點健康的點心，然後多睡一點會更好。

　　你應該注重素質練習日的訓練前能量補給，因為能量消耗會影響配速和表現。輕鬆日則不必擔心太多，因為不需要那麼多能量。不過如果你是在傍晚跑步，補給的選項就變多了，通常距離訓練前愈久就應該吃愈多東西。隨著訓練時間接近，攝取的目標變為最需要的營養，也就是碳水化合物和水分，但也不能吃太飽。表 13.3 列

出訓練前補給的基本準則。

表 13.3　訓練前進食原則

距離訓練時間	飲食選擇	營養成分
3～4 小時	正餐	碳水化合物、脂肪、蛋白質
2 小時	點心	碳水化合物、蛋白質
1 小時	流質	碳水化合物
5～10 分鐘	流質或能量膠	碳水化合物

訓練中

微調補給計畫時，一定要經過反覆試驗，所以在訓練時測試跑步期間的營養補給很重要。超過 1 小時的跑步訓練最適合用來練習，少於 1 小時的訓練大概不會有補給的需求。搞定這件事就能避免脫水，以及耗盡珍貴的碳水化合物儲藏量。有時候要在高強度運動時逼自己進食，但比賽當天身體會感謝你的努力，沒有什麼比單純的卡路里和水分更能推進表現。

對訓練和比賽而言，努力補水最值得。水分不只能維持血液容積，喝運動飲料還能提供重要的熱量，省去熱量補給的麻煩。每個人的汗水流失速率可能不太一樣，但一般人每小時平均流失 2～4 磅的汗水。如果不補充水分，肌肉得到的氧氣會減少，身體蒸散的熱氣也會減少，而運動副產物（乳酸）會堆積更多。除此之外，身

營養與水分

體為了補償這些問題，會讓心臟跳得更快。水分流失會讓體重下降和速度減慢，體重每下降 1%，跑步速度就變慢 2%。馬拉松本身就已經很艱難，這時候沒人想要心臟猛跳或是腿動得更慢。如果原本的配速是每英里 8 分鐘，體重下降 1%（就算只是 1 ～ 2 磅），配速也會每英里減慢 5 秒。如果你的速度變慢 2 ～ 4%，原本的每英里 8 分鐘配速，就會變成將近每英里 8 分 20 秒，完賽時間就會從 3 小時 29 分，變成 3 小時 38 分。

水分是訓練和比賽成功的關鍵，以下有幾個訓練時的補水法則。

- **及早開始**。在開始跑步後 10 ～ 20 分鐘內喝水。以汽車油箱來比喻，如果油箱全滿，可能要花一段時間才會消耗半桶，但是從半桶到四分之一就似乎掉得很快。如果馬拉松跑到 13 英里的時候只剩半桶油，你可以預期指針到底的時候一定離終點還很遠。及早開始補水，並盡可能維持油箱全滿狀態，要知道，跑步期間不可能追得上水分流失的速度。

- **每 15 ～ 20 分鐘攝取 2 ～ 8 盎司**。*在訓練期間隨時保持體內充足的水量，策略性地在流失前先補給。

- **記住，跑步初期攝取大量水分比較容易**。如果在初期多喝水並且規律補充，就能將身體含水量維持在頂點，促進胃部快速排空，也代表水分、電解質和碳水化合物的吸收都更快。

· **計算吞嚥次數**。一口大約是 1 盎司的水分，所以每次補
水時盡量吞 4 ～ 6 口。

· **不要喝過頭**。喝太多杯只會讓你不舒服。

跑步期間的營養補充原則和補水類似，較短的跑步訓練不需要
練習補給，只有超過 1 小時的跑步可以練習。能量膠是很受歡迎的
補給產品，不過咀嚼錠等其他類型也愈來愈有人氣。葡萄糖錠也是
一種選擇，這是糖尿病人在低血糖時服用的藥片，在口中融化後能
快速補給碳水化合物。此外，運動飲料也能增加整體攝取的卡路里，
減少從固體食物攝取熱量的需求。（備注：吃能量膠或類似的產品時，
吃完請喝水而不要喝運動飲料。）

當你跑得愈快，每小時消耗的碳水化合物也愈多，無論是速度
訓練或長跑時都一樣。高強度的速度訓練所消耗的碳水化合物，與
10 英里的節奏跑一樣。此處的重點是一段期間內的運動強度。如果
你的配速超過每英里 7 分鐘，那每小時需要 90 公克的碳水化合物才
能維持巔峰速度。如果配速介於每英里 7 ～ 10 分鐘，每小時大約需
要 60 公克的量。更慢的配速則需要 30 公克。

8 盎司的運動飲料含有 10 ～ 20 公克的碳水化合物，能量膠則含
有 25 公克。如果你每 20 分鐘喝 8 盎司的運動飲料，每個小時就能

---

* 編注：1 盎司相當於 28.41306 毫升。

營養與水分

攝取 30 ～ 60 公克的碳水化合物。所以有很多方法可以攝取想要的量，除了飲料和能量膠，有些跑者也從其他食物得到熱量，你可以依自己的喜好決定。

經過計算的補給計畫對心理作用也很重要，明確的營養和補水計畫占了路跑策略的一大部分，而且應該在訓練時練習。比賽剛開跑時，計畫可以讓你有方向並且專注在任務上，隨著距離漸長，滿腦子只想著還剩多遠的時候，可以把注意力放在小一點的目標上，比如下一次補給能量膠。試著在抵達下一個補給點之前只想著維持配速，每一次吃下能量膠之後就重頭再來一次。比起全心把馬拉松當成一個整體任務看待，分割成一口大小的尺寸感覺上比較容易達成。

訓練後的補充

訓練後補給對下一次訓練的品質很重要，就如同訓練前補給對這一次訓練很重要一樣。千萬不要小看訓練後補給，補給得當能幫你從跑步中恢復、維持高強度的訓練，最終成為更好的跑者。對於訓練後補給，我們有以下建議。

· **體重每流失 1 磅，即補充 20 盎司或 2.5 杯水。**想要了解跑步時大約會流失多少重量的水分，可以在訓練前幾週定期量體重，每次都在跑步前後測量並比較，過一陣子你就能大約猜測跑完步應該喝多少水。請計算汗水流失量以了解自己的特定需求，網路上有幾種工作表可以利用。

- **運動完的 15 ～ 30 分鐘最為關鍵**。在訓練結束後立刻攝取 50 ～ 100 公克的碳水化合物及 20 ～ 40 公克的蛋白質。我們建議高升糖指數（glycemic index）的食物，因為這類食物的養分能夠快速進入血液循環並抵達肌肉。升糖指數以食物被消化的速率分級，消化愈快，數字愈大。[*]我個人最喜歡的素質練習後補給是代餐奶昔、能量棒（只是要確定內含高品質的蛋白質），或巧克力牛奶。為了確保得到充足的碳水化合物和蛋白質，我還會再吃能量膠或水果（通常吃 1 根香蕉），這些大約有 35 公克的蛋白質和 50 公克以上的碳水化合物。

- **提前規劃**。如果要開車去運動，就帶一些東西在訓練後吃，而不要等到回家才補充營養。盡可能在訓練一結束就開始補給。

- **在運動後 30 分鐘內補給，之後在 2 小時內吃一餐正餐**。燕麥、花生醬貝果，或者早餐麥片，都是不錯的選擇。任何含有大量健康碳水化合物的食物都很好，再加上一點蛋白質幫助肌肉修復，巧克力牛奶等富含蛋白質的飲料是很好的選擇。

---

[*]　審訂者注：更精確地說，消化與吸收過程都有影響。

營養與水分

最後一週的微調

完成所有困難的訓練之後，訓練量和強度都會減少，此時花一點時間微調營養計畫。這時候訓練量較少，但還是要維持正常的飲食並避免重大改變。

以下是比賽前幾天的飲食原則和訣竅。

比賽前 4 ～ 7 天：模擬平時的飲食，關鍵是依照需求進食，卡路里攝取量應符合消耗量，以避免體重大幅增加。隨著訓練量和強度減低，你還是要提供身體需要的營養素，以補充肝醣儲藏量和修復肌肉。

比賽前 3 天：該認真攝取碳水化合物了，前半週的飲食應該不會讓你增重，但這幾天要增加攝取碳水化合物，所以可能會變重一點。你或許會覺得身體變得有點遲緩，但不用慌張，這些重量會在比賽期間消耗掉。我們建議在賽前第 3 天，體重每磅攝取 4 公克碳水化合物；賽前第 2 天，體重每磅攝取 5 公克，有些男性跑者最多吃到600 ～ 700 公克。比賽前一天稍微有彈性一點，大約介於每磅3 ～ 4 公克之間。千萬別等到比賽前一晚才狂吃義大利麵補充，這時已經太晚，能吃的量也太少。

這一整週還要記得補充電解質飲料。你或許不喜歡喝有熱量的東西，但身體需要電解質，別等到比賽前一天才臨時抱佛腳。

比賽前 1 天：每次吃點心和正餐時，喝一杯健康的飲料。不要

只喝水，應該把運動飲料兌水喝。避免吃會脹氣、腸胃不適或高纖的食物，以及代糖。

盡量限制酒精攝取，睡前吃或喝一點健康的點心。

比賽日的食物和水分補充

開跑前幾個小時的主要目標是把能量和水分維持在補滿的狀態。如果你是大量流汗的類型，可以考慮在開跑前 2 ～ 4 小時「囤」水分，你應該喝含有電解質和碳水化合物的飲料。在起跑前 30 ～ 60 分鐘停止補水，避免臨陣跑廁所。

攝取碳水化合物有下列幾個原則。

· 賽前 4 小時：200 公克
· 賽前 3 小時：150 公克
· 賽前 2 小時：100 公克
· 賽前 1 小時：50 公克

賽前進食的最佳時機，每個人不同。如果你不介意早點起床，你可以起來吃點東西再回去睡。如果你的腸胃敏感，睡前吃豐富的點心或許比較好。選擇適合自己的方法即可。

馬拉松期間的能量補充

比賽期間補給熱量和水分的重要性不言而喻。無論訓練期間付

出多少，這些都能左右你是否能達到目標，或者甚至跑不到終點。

比賽期間盡量減少水分流失，並保持碳水化合物的攝取，這點至關重要。訓練時在長跑和節奏跑的練習，此時都會發揮效果。訓練時討論過的原則，應該就是你想在比賽當天做到的事。

能量補給的需求，每個人都不一樣，但有幾個一般法則，可以讓比賽期間的補給簡單又有效。進行持續 2.5 小時的活動時，每個小時需要 30 ～ 60 公克的碳水化合物。而持續 2.5 ～ 6 小時之間的活動，每個小時需要 60 公克以上，最高可達 90 公克。上述範圍會因訓練期間的攝取練習而異，如果練習不足，嘗試攝取較多的量可能會導致胃部問題。但是反過來，如果你都有在節奏跑和長跑時練習攝取碳水化合物，等於把胃訓練到可以在比賽時完全利用吃下去的養分，這個情況就可以設定較多的量為目標。

安排補給最簡單的方法是把目標完賽時間乘以適合自己的公克數。假如你的目標是 4 小時，就把 4 乘以 60，得出比賽期間需要 240 公克的碳水化合物，再安排比賽時應如何分段攝取。

以下的計畫是用主辦單位準備的運動飲料，以及自行攜帶的能量膠：

賽前 15 分鐘：1 條能量膠（25 公克碳水化合物）。

開賽後 1 小時：每個補給站喝 4 盎司運動飲料。假設是 1 杯 4 盎司的一般運動飲料，每杯約為 7 公克碳水化合物，如果每 2 英里就有一個補給站，這一個小時就會遇到三個，等於能從飲料中攝取 21 公克的碳水化合物。

開賽後 30 分鐘：1 條能量膠（25 公克碳水化合物）。

備注：第一個小時的總量是 46 公克，加上賽前的 25 公克，總共是 71 公克，這是建立在每小時需要 60 公克的配速上。

1～2 小時：這期間應該會遇到 2～3 個補給站，補充大約 21 公克。跑到 1 小時 15 分和 2 小時的時候，各補充 1 條能量膠，等於 50 公克碳水化合物，加起來總共 71 公克。

2～3 小時：從補給站攝取的運動飲料得到 21 公克。在 2 小時 45 分時吃 1 條能量膠，得到 25 公克，總共 46 公克。

3～4 小時：在 3 小時 30 分吃 1 條能量膠，加上補給站的水分，總共能獲得 45 公克以上的碳水化合物。

4小時以後：重複上述補給過程，在4小時30分的時候吃能量膠，並在補給站補水。

我不餓！

就算不覺得餓，遵守補給計畫還是很重要。請回想汽車油箱的比喻。剛開始比賽時，應該會覺得配速很舒適，而且比較容易依照補給計畫執行。無論你的舒適感如何，都要維持在計畫內，維持愈久愈好。最終一定會來到的狀態，是注意力全放在剩下的距離上，想要攝取食物或水分的欲望會降低。如果在剛起跑時謹守計畫，就可以幫你在比賽末段疲累的時候，排除一些問題。

營養與水分

這個計畫是有彈性的。如果你比較適合喝飲料，可以在補給站喝一杯以上，或者你不喜歡喝運動飲料，但喜歡吃能量膠配水，那也可以。重點是知道自己需要的總公克數，並判斷需要帶多少補給品，以及沿途補給站提供的物資。

　　大多數的飲食準則和建議及前述的數字都是平均值。如果跑者體能極佳、脂肪極少、肌肉量大，而且有很高比例的慢縮肌纖維，儲藏能量的能力也會比較好。但是無論這些條件如何，所有人都應該謹慎行事。如果你的胃受得了吸收大量能量，那你沒有理由不攝取。

　　最後，在比賽前預演營養補給非常重要。你應該將 26.2 英里的流程走一次，實際了解什麼時候該補充什麼東西。

營養與水分

第十四章
鞋子與其他裝備

　　鞋子是最重要的裝備,而且跑步距離愈長也愈重要。一雙鞋用來每週跑步幾次或許沒問題,但是馬拉松訓練可能不適合。

　　鞋子是個人生物動力的延伸,少數幸運的跑者有課本上寫的完美骨骼和肌肉,但你可能不是其中之一。大部分人至少都有些不完美的地方,比如長短腳、扁平足或骨盆虛弱,讓這些部位更容易受傷。不幸的是,跑得愈多,這些異常之處愈明顯,這就是我們需要鞋子的地方。如同我們宣導聰明訓練法和好的營養一樣,我們也敦促跑者找到對的鞋子。因為這真的很重要。

　　本章我們會檢視步伐的生物動力學、腳型和鞋子應注意的各種條件,這些資訊會幫你選出最適合的鞋子。

步態生物力學

　　說到挑選鞋子，一定要考量步態（foot strike），也就是腳著地時接受衝擊的點；另一個重點是腳每一步停留在地上的時間。最好的步態是跟地面接觸的時間短暫，讓你感受到最少的煞車力（braking force，也稱制動力，會拖慢速度且讓身體震盪），但不至於短到減少身體向前移動的最大力量。步態看來或許對跑步表現沒有重大的整體影響，但是在長跑的時候影響不小。如果在 30 分鐘內跑 5 公里需要跨出高達 5,400 步，把著地時間縮短 1/100 秒的話，5 公里跑下來就能縮短整整 1 分鐘。如果推算到馬拉松，你就有可能只靠著更有效率的步伐，縮短完賽時間好幾分鐘。

　　生物力學研究對於步態，在很多方面都有一致的認同，但是最理想的著地部位仍有許多爭論。腳跟、腳掌和腳尖都在討論的範圍之內，在各項爭論之中，針對此主題的研究相對較少，而這些研究的結果有諸多臆測的成分，因此必須謹慎參考。其中一個較為可靠的研究是一篇 2007 年的論文（Hasegawwa, et al., *Journal of Strength and Conditioning*, 2007 (21), 888-893），學者檢視一場半馬比賽中，菁英跑者的步態。結果顯示將近 75% 的人以腳跟著地，24% 的人以腳掌著地，只有 1% 的人以腳尖著地。值得注意的是，前 50 名完賽的跑者當中，有 60% 以腳掌著地。2013 年有另一篇研究（Kasmer, et al., *International Journal of Sports Physiology and Performance*, 2013, 8, 286-292）檢視將近 2 千名馬拉松跑者，結果發現約 93% 的人都是腳跟著地或是相似的型態。不過必須注意，此研究只看整場馬拉松的 8

　　　　　　　　　　　　　　鞋子與其他裝備

公里處，5 英里和接下來的 20 英里之間會發生的事情很多。2011 年拉森（Larson）等人（*Journal of Sports Science.* 2011 Dec;29(15):1665-73. Epub 2011 Nov 18.）發現，連開跑初期以腳尖著地的一小群跑者，都會在大約 20 英里處換成以腳跟著地。

　　腳步著地時與身體的相對位置也是關鍵。多年來，跑者不斷被叮嚀要讓腳在身體正下方著地，但新的證據顯示，這麼做非常沒有效率，就和在身體前方遠處著地一樣。目前研究建議，著地時腳掌應盡量維持平整，著地位置在腰部前方且應稍微彎曲膝蓋。

　　相對位置的關鍵在於，對兩名都算是以腳跟著地的跑者而言，結果會完全不同。為了更清楚了解差異，我們必須探討的不只是足部著地部位。

　　由於研究在分類各種落地型態上不甚可靠，比起檢視腳的哪個部位先碰到地面，看落地時腳與身體的相對位置會更有意義。跑者犯下最大的錯誤就是加大步伐，這容易導致過度跨步（overstriding），代表你很可能用腳跟在身體前方遠處著地，形成煞車動作。腿部被迫吸收較多的震動，由於腳與地面接觸的時間增加，配速也會減慢。但如果專心讓腳步落在重心上，這些都能避免。

　　學術界依然沒有定論，但我們建議單純進行訓練就好，不要過度注重改變自己的自然型態。不過還是有幾個實用的落地型態訣竅，可以讓你跑得更有效率。第一，不要過度跨步，共識似乎是，如果步頻每分鐘低於 160 步，你很有可能過度跨步。此時解決的方法是加快頻率 5 ～ 10%。根據我的經驗，從腳踝處稍微向前傾可以讓重心前移。要調整步頻可以用有節拍器功能的手機應用程式，或是找一首每分鐘節奏適合的音樂。還有一個建議是減少鞋底前後足的高

低差，本章稍後會有更詳細的討論。

腳型

　　腳的形狀對鞋子挑選也有影響，人類形形色色的腳型可分為三大類：低足弓、高足弓和正常足弓。

　　低弓足（扁平足）雖然不是最常見的足型，但絕對是最麻煩的足型。除了足弓較扁，低弓足時常伴隨兩腳腳踝內傾的情況。如果你是這種腳型，跑步時會以足部外側著地，而且在著地的同時腳踝會向內旋轉，稱為（腳掌）過度內旋（overpronation）。原本跑步時就會有正常的內旋情況，因為足部本來就會自然向內旋轉，以減少衝擊，讓身體能借力推離地面。但是低足弓的跑者過度內旋時，常出現過度使用的傷害。主要的問題在於他們的足部過度柔軟，吸收腳著地的衝擊，但著地的動作提供給身體的推進力又太小。為了移動而多做的動作讓足部、腳踝、小腿和膝蓋都承受扭轉力，造成肌腱炎、足底筋膜炎和阿基里斯肌腱炎等問題。正如你所想的，這種足型需要非常特定的鞋子，才能改善問題且讓人正常跑步。

　　第二種足型是高足弓，與低足弓的跑者一樣，高足弓跑者也是以腳的外側著地，但是不會向內旋轉，而是直到腳趾離地都維持外側接觸地面。低足弓的天然緩衝力極佳但是推進力不足，而高足弓則剛好相反。高足弓使得柔軟度不佳，腳無法吸收跑步對身體造成的衝擊力道，而且由於接觸地面時所有的體重都放在腳的外側，也無法充分運用大拇趾來推離地面，讓腳趾離地的動作也受到限制。諷刺的是，這種稱為內旋不足（underpronation）或足外旋

　　　　　　　　　　　　　　鞋子與其他裝備

（supination）的動作，也會導致和過度外翻一樣的傷害，只是原因不同。低足弓跑者通常因為扭轉力受傷，足部外旋的跑者則是因為吸震不足。除此之外，這種足型也容易出現較多髂脛束（iliotibial band）問題，髂脛束是從骨盆延伸至膝關節的一條長組織束。

最後一種足型是正常足弓，也是最少見的類型。擁有這種足型的幸運跑者，以腳跟中間偏外側著地，接著重心轉至足部中間，最後充分利用大拇趾的力量離地。雖然正常足弓的生物力學較佳，但如果穿到支撐力過多或過少的鞋子，還是有受傷的風險。

從生物力學的角度來看，每種足型都有其特定的問題，因此選擇適合的鞋子很重要。

跑步鞋構造

徹底了解跑步鞋的組成構造也能幫你做出明智的選擇。最主要的構造有外底（outsole）、中底（midsole）、鞋楦（last）、足跟杯（heel counter）和鞋面（upper）。

外底：外底是鞋底最下面那一層，也稱為大底。外底的功能直到最近都只有牽引抓地一項，且唯一的變化是使用的橡膠類型。不過現在的外底科技正在不斷成長，取代以往一整片的橡膠，現在的外底常拆成腳跟和腳尖兩個基本部分，減輕了重量。除此之外，現在的廠商不再使用橡膠，而是仰賴二氧化矽（silica）等新的材料，據說二氧化矽在潮溼的條件下能提供更好的牽引和抓地力，此材質也比較環保。外底科技也改善了鞋子整體的耐久度，同一雙鞋能夠

跑的距離變長。其實對大多數跑者而言，中底反而比外底更早磨損。

中底：從生物力學的角度來看，中底是大部分的動作發生的地方。近年來乙烯／醋酸乙烯酯共聚物（ethyl vinyl acetate, EVA）和氣墊（air pocket）等中底材質，已經被更柔韌、輕量且可生物分解的新科技取代。緩震科技也有進步，現在的鞋子能更快準備好吸震，且持續時間延長 15%，甚至能儲存和釋放能量。

所有的中底多多少少都有緩震效果，但支撐功能則不一定。有些跑步鞋的中底比較密實，提供較多的支撐，比如雙層密度或三層密度的材料。這種中底可以讓過度內旋的腳維持在比較正中的位置，但是鞋子重量也會變重。不同的版型含有的材料量都不同，因此有很多不同的穩定性和重量選擇，如果想要密度較大的中底，請找中底內部有灰色區域的類型。中底有時候也會加入其他配件提供更多支持，比如支撐片（roll bar）會讓鞋子更加硬挺且控制度更高。腳部內旋的情況愈嚴重，愈需要使用這些額外配件。雖然大多數運動鞋廠商還在生產有穩定系統的鞋了，但現在的趨勢似乎開始從傳統的矯正，轉向引導足部呈現正確的姿勢。

購買好的跑步鞋時，中底就是成本最高的部分。判斷是否該換鞋的時候不要看鞋底，考量跑過的距離長度及中底的磨損程度更重要。無論科技如何進步，鞋子依然會磨損，中底的最佳功能一旦消逝，你就面臨受傷的危險。

鞋楦：鞋楦是鞋子的實際形狀，分為三大基本型：直形、弧形和半弧形。每個類型提供的動作控制和緩震功能不同，因此適合的

鞋子與其他裝備

足型不同。直形是過度內旋跑者的最佳選擇，因為能夠控制扁平足特有的過度內旋動作，還能改善腳趾離地的動作。弧形的功能則剛好相反，其形狀不對稱，在足部內側足弓處大幅度彎曲，是專門為外旋的跑者設計，以稍微讓腳內旋的方式處理先天緩震不足的問題。半弧形則是直形和弧形的綜合體，最適合正常足弓的跑者，提供一點堅硬度的同時也讓腳能自然內旋。近年來，愈來愈多混合型的鞋楦進入市場。

　　足跟杯：從外觀上雖然看不到，但是這個部分圍住腳跟並減少腳踝的不穩定動作。不是每個人都需要動作控制，因此足跟杯有不同程度的穩定度可選擇，最柔軟的鞋子甚至完全沒有這個構造。

　　鞋面：罩住足部上方的材料稱為鞋面，通常由透氣性極佳的尼龍網製成。好的鞋面能讓腳上的汗水排出，讓腳保持涼爽乾燥。如果你居住的地方氣候寒冷，應找尋能抵抗氣候影響的鞋面，以避免雪和爛泥滲入鞋內。鞋面上的鞋帶綁法也有差異，有些能幫助包裹足弓，有些則提供多一層支持。最新的鞋面趨勢是使用較少的材料，有些鞋款使用的材料只有一片而已，部分廠商甚至跨入 3D 列印鞋面的領域。

跑鞋類型

　　現在正是跑鞋的轉型期，雖然還有傳統的版型，但趨勢正跟隨科技改變。數十年來，跑鞋的革新很少，《天生就會跑》（*Born to*

Run）一書在 2009 年出版之後，跑鞋的局面有了重大改變。極簡運動（minimalist movement）誕生了。傳統的鞋子腳跟和腳尖的高低差約有 10 ～ 12 毫米，但是極簡運動鼓勵大家赤足跑步，或是穿著前後沒有高低差的鞋子。許多跑者紛紛拋棄原本的運動鞋，改穿沒有高低差的款式，這股潮流孕育了全新的跑鞋設計時代。直到 2014 年，原創極簡跑鞋生產商 Vibram 因謊稱產品對健康的功效而面臨集體訴訟，最終以和解收場，極簡熱潮才逐漸退燒。現在的極簡市場只有當初 2010 年的一小部分而已。不過這一切還是有好的發展。大部分人都不適合直接從 10 ～ 12 毫米的高低差跳到 0，這迫使廠商仔細檢視自家產品的緩震和結構發展。現今的跑鞋前後高低差比較小、緩震科技進步，而且整體重量都減輕了。

走進鞋店，看到整面牆上展示的無數風格和類型的鞋子，你可能會被震懾，了解你的選項能大大幫助你做出最佳選擇。

讓我們從跑鞋的三大類談起：動作控制（motion control）、緩震（neutral）和穩定（stability），接著再討論特定的鞋型，包括極簡跑鞋、極緩震跑鞋、輕量訓練鞋和競賽鞋。

動作控制型：專門為低足弓設計。典型的動作控制鞋採用直形楦頭，從腳跟延伸至足弓的雙密度中底，腳跟和足弓下加入支撐片及硬挺的足跟杯。由於加入的配件極多，重量偏重，但是避免足部過度外翻的效果極佳。

緩震型：這種鞋最適合高足弓跑者。緩震鞋採用弧形楦頭和大

　　　　　　　　　　　　鞋子與其他裝備

量緩震材，沒有雙密度中底，而足跟杯的效果極小。這類跑鞋能恰到好處地提供緩震效果和柔軟度。

穩定型：穩定型跑鞋適合正常足弓和輕微過度外翻的「正常」跑者。通常採用半弧形楦頭和些微雙密度中底科技，腳尖部分有彈性，具充分的緩震效果和輕微的腳跟穩定效果。這種鞋子的折衷特性，剛好符合只需要一點點支撐但不犧牲緩震的跑者。

輕量型：輕量型跑鞋結合了一般跑步鞋和競賽鞋的特徵，是緩震型跑鞋的減重版本，但仍提供支撐功能。雖然這種鞋子比其他類型輕，也不要在訓練全程只穿它。有些跑者認為輕量跑鞋在特定的素質練習時是不錯的選擇，尤其是速度跑和強化跑的時候。如果你還沒準備好穿著競賽鞋上場，可以考慮穿輕量鞋比賽，不僅給你充分的緩震和支撐，也比傳統訓練鞋輕了許多。

極簡型：極簡型跑鞋幾乎沒有緩震或足部保護的功能，你會感覺自己像是赤腳跑步。如上所述，極簡型跑鞋曾經橫掃市場、紅極一時，但如今已經退燒，只穩居跑步鞋的利基市場而已。不過還是值得你了解各方論點，以便決定自己是否想嘗試這種鞋子。

極簡主義有兩個基本概念：(1) 應在自己可耐受且不會受傷的前提下穿著最少量的鞋子，(2) 少量的鞋子可強化雙腳並改善跑步的步伐。極簡主義的支持者常說我們的祖先生來就會赤腳跑步，所以我們應該回歸原始、如法炮製。但是我們的生活環境已經和舊石器時代相去甚遠，而且我們從小穿著鞋子長大，所以從穿鞋到赤足需要

轉換過程。大多數支持者建議花幾個月的時間逐漸減少鞋子的量。假如本來穿穩定型跑鞋,切勿直接改穿極簡跑鞋,應該先穿輕量訓練鞋,再換成極簡跑鞋或赤足跑鞋,如此骨骼和軟組織才能逐漸調適。即使已經轉換完成,我們也不建議每天穿這種鞋進行規律訓練,而是每隔一段時間當作補充訓練來穿著。

現在市面上有很多選擇和混合型的跑鞋,可能沒有必要特地去找特定的極簡跑鞋。如果你 週只會穿 1〜2 次較輕的鞋子,或許可以退一步選擇輕量訓練鞋或競賽鞋,這樣不只能調整適應極簡主義的特性,還能從一般訓練鞋的運動中恢復。

極緩震(maximalist):極緩震是極簡的另一個極端,為了與極簡主義抗衡而出現了極緩震。這兩者都同意跑步鞋的前後高低差愈小愈好,但極簡鞋去除了所有多餘的材料和緩震材。極緩震則剛好相反,這種鞋子的前後高低差很少(有的甚至沒有高低差),不使用極簡的中底,而是加入大量緩震材。很多跑者表示,緩震功能對關節比較好,也讓人更享受跑步。

跑鞋價格

如前面所討論的重點,不是所有鞋子都一樣。買鞋就像買車,想要或需要的功能愈多,價格就愈貴。但要記得,讓鞋型引導你的選擇,而不是價格,最貴的鞋不見得最適合你。請考量自己的需求並做出明智的選擇。

鞋子與其他裝備

我該輪著穿跑步鞋嗎？

　　如果可以的話，請這麼做。穿鞋的時候，緩震材會受到壓縮。如果每天都穿同一雙鞋，壓縮的部分就沒有機會能回彈。但如果輪流穿不同的跑步鞋，就能讓鞋子在它的休息日恢復，同時延長使用壽命。有些跑者平時穿日常訓練鞋，在速度跑、強化跑和節奏跑訓練時，則穿輕量訓練鞋或競賽鞋。使用只求完賽課表或是初階訓練課表的人，也可以選擇平時穿普通訓練鞋，然後一週兩天在比較需要恢復的時候穿極緩震鞋。如果決定要穿兩雙不同的鞋，一定要輪流使用，才能維持腳對鞋子的習慣。

　　跑步鞋分為三種價位：入門款、中階款和高階款。

　　入門款：最便宜的選擇，入門鞋款只有基本功能，很適合剛接觸路跑的人，尤其是還不確定是否會繼續跑下去的人。大多數入門鞋款的緩震都設計在腳跟而不是腳尖，穿起來可以明顯感受到鞋子的靈活性不佳，舒適度完全比不上高階款式。但是這種鞋子很可靠，結構完整而且能讓你好好跑步，價格也最便宜，零售價約為 100 美元（臺幣約 3,000 元）。大賣場也有賣更便宜的運動鞋，但我們不建議選擇低於這個等級的跑步鞋。

　　中階款：中階鞋款除了基本功能，還有額外的加強，比如全掌緩震、中底材質較佳、靈活性較高，以及整體貼合度較好，零售價

格通常介於 110 ～ 120 美元之間（臺幣約 3,300 ～ 3,600 元）。中階鞋款集奢華和功能性於一身，能跑的距離也比入門鞋款長一點。

高階款：這類鞋款採用各種最新科技，通常是廠商的旗艦款。你或許會被標籤上的價格嚇到，140 ～ 160 美元不等（臺幣約 4,200 ～ 4,800 元）。但是大多數高階鞋都宣稱有較長的使用壽命，所以如果你能保持身體健康，而鞋子也耐用，高階鞋在長跑人生中或許才是真划算的選擇。

如何選擇跑鞋

準備買跑鞋的時候，去跑步用品專門店購買會比上網隨便買一雙好。試穿是最重要的，有知識豐富的店員協助你試穿，會提高你一次買對鞋子的機會。選對鞋子就像拼拼圖，訓練有素的店員會幫你連結重點和做好選擇。如果有舊跑鞋，去鞋店時就帶上，並準備好回答關於訓練和過往跑步經歷的問題。店員也可能會問你過去受過什麼傷、你的訓練計畫，或是你對舊鞋滿意和不滿意的地方。

跑步鞋店的專業人員可能會藉由觀察舊鞋底部的磨損痕跡，了解你的著地型態。如果鞋底內側的整片紋路有磨損的傾向，你很可能是足部過度內旋，需要支撐力更好的新鞋。換言之，如果是外側的鞋底紋路磨損，你可能是足部外旋，需要較少的支撐力和較多的緩震。如果磨損的的程度很平均，這可能就是對的鞋型。請注意，觀察鞋底並不是嚴謹的科學，如果你已經穿過 10 雙同鞋款的跑鞋，並且從來沒有受傷的問題，那不管鞋底磨損的型態如何，請繼續照

鞋子與其他裝備

你對自身的了解選擇適合你的跑鞋。

　　大多數慢跑商品專賣店的店員會要求觀察你的步態。很多店內都有跑步機和攝影機，可以捕捉你走路和跑步時的足部動作，將影片慢動作播放就能仔細看到你的著地型態。就算沒有這項科技，經驗老道的店員光憑肉眼觀察你走路或跑步，也能知道你該穿什麼樣的鞋子。

　　店員找出適合你的幾雙鞋之後，你只需要判斷哪一雙最舒服。跑鞋的尺寸很重要，你可能需要穿比日常的鞋子大半號或一號，試穿的時候請考量以下幾點。

　　腳跟：腳跟應該完全貼合，不留或者只留一點點空間。

　　鞋頭：鞋頭的長和寬都應該留有一點空間，腳趾能夠在跑步時張開並且推離地面，但是也不能寬鬆到讓腳滑動。

　　時機：由於一天下來腳會愈來愈脹，請在平常跑步的時間去買鞋。早上試穿時覺得大小剛好的跑步鞋，在你站了一天之後穿上，可能會變得太緊。

　　最終影響決定的是鞋子合不合腳。如果要從三雙同類型且同價位的跑鞋當中挑選，任何一雙大概都適合跑步，請選擇穿起來感覺最好的一雙。記住，不要挑外觀，要挑功能。

何時換鞋

你可能以為在訓練一開始買一雙跑步鞋就能穿到比賽結束，但是依照鞋子、體型和跑步風格不同，一雙鞋其實只能跑 350 ～ 500 英里。以初階訓練計畫為例，課表要你在 18 週之內跑上整整 700 英里，遠超過一雙鞋子該被淘汰的時間，其他課表的總距離甚至更長，你實際上需要兩雙鞋才能熬過訓練和比賽。

可以考慮買一雙鞋後試跑幾週，再決定要再買一雙一樣的鞋或者不同的版型。如果你非常喜歡第一雙鞋，那購買第二雙的時候一定要挑一樣的版型。鞋子的商品名稱或許不會改變，但每一季的版型都有可能大幅變動，因此不再是你喜歡或覺得舒適的版型。

比賽用鞋

絕對不要在比賽當天穿新鞋上場。雖然大多數的跑鞋幾乎不需要磨合期，從鞋盒拿出來就能直接穿上路。但這是你要穿著跑 26.2 英里的鞋子，確認其舒適度非常重要，或許你已經穿了 11 雙同版型的鞋子且從沒出現問題，但身體對新鞋還是需要一點反應時間。腳會在鞋子慢慢磨損的過程中，適應改變的跑鞋組成，但是穿上剛從貨架上拿下來的新鞋時，腳需要適應沒有塌陷的厚實中底，以及鞋面的形狀。應該先穿著競賽當天要穿的鞋子跑幾公里，以培養熟悉的感覺，但也不能跑太多，免得功能開始折損。大多數情況應該跑 50 ～ 100 英里，或是在比賽前穿著跑 2 ～ 3 週。

選擇比賽當天的跑步鞋時，大多數人會選訓練時能穿著跑很遠

的鞋子。輕量鞋或競賽鞋聽起來很誘人，但不見得適合所有人。記住，比賽時你要跑非常久，比任何訓練跑都來得久。較重且有較多緩震材的鞋子，可以在你跑的每一步幫忙面對衝擊力，而競賽鞋的重量較輕有其原因，是捨去了緩震和支撐功能換來輕盈快速的感覺。疲勞對跑步機制和跑步經濟性有毀滅性的影響，在你愈來愈累的過程中也會愈來愈容易受傷，少了緩震和支撐可能會比較危險。何必為了幾公克的重量而犧牲生物力學呢？

我們建議的競賽鞋門檻完賽時間是 3 小時 10 分。超過的人都應該穿一般跑步鞋跑馬拉松，而比這更快的人就可以考慮穿競賽鞋上場。需要支撐和緩震，但又想要輕一點的跑者，可以折衷選擇輕量訓練鞋。這種鞋子是一般訓練鞋和競賽鞋之間很好的轉換，雖然不比日常訓練鞋扎實，輕量鞋在有限的使用下仍能提供充足的支撐和緩震。穿這種鞋不只能減輕幾公克，還能免除受傷的危險。

服飾

比賽當天要穿的服飾受天氣和訓練期間所穿的服飾影響。當你在陰雨寒涼的三月天訓練時，慢跑帽或許是個完美的訓練配件。但如果在七月的比賽戴慢跑帽，唯一的效果可能是妨礙散熱。以下有幾個選擇比賽服飾的基本原則。

避免純棉材質：棉質無法幫助排汗和散熱，反而會蓄熱和吸汗，在皮膚上製造潮溼的環境，可能會導致磨擦和起水泡。不要穿棉襪、棉質短褲、棉質長褲或棉質上衣。

少穿一點：選衣著的時候，假裝外面的溫度比實際情況高華氏20 度，如果氣溫是華氏 40 度，就穿得像華氏 60 度。剛開跑的時候你可能會覺得冷，但是隨著熱能的產生，身體很快就會暖起來。

實際成本：購買跑步衣物時，請考量每一件的成本。這不只是你一次花了多少錢，還有你能穿著這件衣物跑幾次。好的跑步服飾耐久度高，可以穿上好幾季。

試穿：有時衣服接縫處可能會刺刺的、短褲的長度可能會很尷尬，或是上衣的剪裁不舒服，購買前先試穿看看是否合適。

無論你決定在比賽當天穿什麼，一定要先穿著試跑一次。理想情況是穿著比賽衣褲跑一次長距離的訓練，才能確定隨著時間過去和汗水增加，布料會不會出問題。畢竟已經投入了辛苦的訓練，你可不希望在重頭戲當天，服裝出了差錯。

裝備

我們生活在活動紀錄器、睡眠紀錄器、恢復紀錄器、功率計、GPS 裝置、心率監測器和水分紀錄器的世界。我發覺這些裝備讓人沒那麼享受跑步，而且當你過度依賴數據的時候，跑步的直覺就會不夠敏銳。話雖如此，我知道有很多人都很愛數據，而且在特定情況下使用某些裝置能有很大的效益，凡事總有適合的使用時機和場

合，科技也不例外。

　　我們希望你密切遵從我們的訓練計畫，以學會基本的訓練原則並達到頂尖的體能。達成這些目標的重要副產物，就是敏銳的身體意識、配速感及努力程度。如果你不主動感受，而是完全仰賴運動手錶告訴你運動強度，你永遠也學不到這些技能。所以說到科技產品，你唯一需要的可能就是 GPS 手錶。GPS 數據很適合用來追蹤長跑和高強度訓練，並提供重要的進步指標。其他的訓練日則不必配戴。此處的重點是不要過度依賴手錶。訓練結束後你可以盡情研究數據，但是訓練中請專注於自己奔跑的雙腳。

鞋子與其他裝備

PART V——STEPPING UP... AND BEYOND

第五部 最後衝刺與完賽之後

第十五章

賽前最後六週

　　當你在訓練之中，身體很容易不假思索地機械式行動。但是隨著比賽愈來愈接近，跑者通常開始感受到完賽目標時間的壓力。此時你發現自己真的要跑馬拉松了，憑著雙腳跑上整整 26.2 英里，而且中途最好不停下來。別擔心，大家都會害怕、徬徨甚至恐懼。這種感覺普遍到我們要用一整個章節來引導你通過賽前一個半月的訓練。希望以下內容能含括你成為馬拉松跑者前，最後的疑問或疑慮。

比賽前 6 ～ 2 週

　　這四週是訓練當中的關鍵時刻，也是跑者開始質疑是否能達到

目標的時候，這很正常。此時疼痛和訓練累積的疲勞開始疊加，你可能會自問：「這種配速要怎麼跑 26.2 英里？」這個問題可能會引起一連串的自我懷疑和自怨自艾，然後如同自我應驗預言的內容，當我們愈不相信自己，就愈有可能在比賽當天失敗。

　　為什麼會這樣呢？這個循環通常不是由心理引起，而是身體，讓跑者在訓練最終被打敗的常見元凶有四個。

　　鞋子：如先前所述，大多數的跑鞋可以跑上 300 ～ 500 英里。假設你開始訓練時穿的是全新的鞋子，接著 12 週都穿同一雙鞋，那至少已經跑了 400 英里。依使用的課表不同甚至會更多。此時離比賽還有 6 週的時間，如果你覺得身體愈來愈疼痛，先檢查跑鞋累積的里程數吧。

　　訓練：這四週是訓練課表內最嚴峻的時期，素質練習的強度最高而且距離也最長，很可能是你此生跑步最多的時候。身體一定會有些疼痛感出現，在一定程度內請安慰自己這是正常的，而且是適應過程的一部分，但請注意不要讓疼痛演變成受傷。

　　強度：有些跑者會有「跑得快很好，跑更快就更好」的思維，並且在訓練初期跑得太過火，長期累積到了一定程度就會付出代價。記住，你不是每次都以 100% 恢復的狀態進行訓練，如果你把速度不必要地調高，只會把疲勞的坑愈挖愈深。時間不能倒轉回去放慢速度，但你可以專注於現在。你的最新挑戰就是聆聽身體的意見並適時放慢，尤其是在輕鬆日的時候。

恢復：如果你還沒掌握恢復的基礎，此時你會深刻感覺到缺乏的部分。恢復時必須補充能量，確保從現在開始，把睡眠、水分和營養補給當作第一要務。

比賽前 2 週：減量訓練

最後兩週很大部分是心理訓練，此時最艱難的素質練習已經完成，只要相信魔法會實現就好。體能都練好了，只要從累積的疲勞中恢復就萬事俱備，正是減量訓練的時機。

不過減量訓練也有可怕的一面。賽前最後兩週要減少跑步距離和強度，因此帶有未知的恐懼。跑者很容易被嚇到。想到自己已經投入了大量的時間、金錢和努力，如果馬拉松不順利，可不像 5 公里路跑那麼簡單，隔週再跑一場就好。馬拉松比賽當日的情況變化莫測。跑者在減量訓練時常見的想法包括：

「我要變胖了！」

「練好的體能都沒了！」

「現在怎麼會全身疼痛？」

「我減少的訓練量還不夠！」

但其實你不會變胖、體能不會退步，而且沒有受傷，此時都是心理作用的影響。

之前幾週的訓練讓你的身體疲勞，減量期的設計是讓你完全恢復，並且發揮獲得的體能。減量訓練的重點是調整原本跑步的頻率、強度、持續時間和類型，這是一門藝術也是科學，一次減量太多會

提不起勁，花太多時間調整太多項目，你會錯過完全恢復的點，反而造成停止訓練（detraining），流失當初辛苦換來的體能。

好的減量訓練應該漸進執行，不要過於劇烈。我們的計畫都是慢慢減少距離和強度，才不會因為運動量急遽減少而嚇到身體。以下是減量訓練的基本原則：

一、減量訓練的天數應在 10 〜 14 天之內，天數過久會提
　　不起勁，而且有體能流失的危險。
二、在賽前 7 〜 10 天完成最後一次高強度訓練。
三、維持原本訓練天數的頻率。
四、減量第一週將顛峰訓練的距離縮減 25%，第二週縮減
　　40 〜 50%（不包含比賽本身）。

正確執行的減量訓練可以讓比賽表現進步 0.5 〜 3%。假如完賽時間是 4 小時，可以進步到大約 3 小時 58 分至 3 小時 52 分之間。這是否意味著，為了 4 小時而訓練的人，做了減量訓練就能跑出 3 小時 55 分的成績？可惜不能。但是可以讓節奏跑時感覺吃力的配速，在實際比賽時感覺輕鬆。適當的減量訓練可以平衡訓練和休息，讓你在比賽當天早上覺得自己有如超級英雄。

比賽前幾天

漢森教練多年來慣用「提早煩惱」的說法。我們的意思是，在比賽到來前，先掌握活動細節很重要，以減少當天不必要的壓力。

減量訓練期如何調整肌力和活動訓練呢？

如果你有在做核心訓練（core routine）或徒手訓練（bodyweight program），減量期應持續下去。減量第 1 週可以考慮只練 3 天，並且在賽前 3 ～ 4 天完成最後一次訓練。同樣的原則也適用所有的有氧交叉訓練，按摩滾筒（foam rolling）和動態暖身等活動訓練只要維持適度，可以持續進行到比賽前一天。如果你做的是高強度的肌力訓練，我會考慮在減量第 1 週只做 1 ～ 2 次，並且在比賽當週完全暫停。

你已經為了訓練盡心盡力至少 18 週，每天早起、錯過社交活動，也做了很多犧牲，別因為疏於提前了解比賽細節而毀了一切。

比賽當天沒有什麼技巧能讓你完全不緊張，但的確可以做一些事，讓你超越沒有準備好的人。從賽前最後一餐、終點跟家人會合的地點，到比賽要穿的跑鞋，提早準備就能在緊要關頭不會驚慌失措。隨著比賽週末接近，應該把計畫排練好並且隨時準備啟動。只要能放鬆地站上起跑線，在比賽初期犯錯的機率就會降低，讓你能集中注意力並做好準備照計畫行事。

別低估馬拉松所需的計畫量，在比賽當天來臨前考量下列事項並安排妥當。記住，只有賽前準備做得好，比賽才會跑得好。準備除了訓練，還要準時抵達起跑線。

長途旅行

　　如果你必須長途旅行參加比賽，要注意跨時區的問題。只跨越一個時區對你的日常作息不會有太大的影響，但從美國東岸到西岸絕對會打亂生理時鐘。經驗法則告訴我們，每增加 90 分鐘（從東邊到西邊），你需要 1 天調適，而每減少 60 分鐘（從西邊到東邊），也需要 1 天調適。換句話說，往西邊旅遊的調適速度比往東邊還快，至於海外旅遊的情況又更複雜了。

　　需要長途旅行的跑者，一抵達目的地就要馬上調整時差。如果你是傍晚抵達，就做你傍晚會做的事情，吃一頓含有碳水化合物的晚餐然後熄燈，這麼做可以增加睡意。如果你在白天抵達，即使已經很累還是要維持活動，可以考慮把當天的跑步留到抵達後進行，房間也要維持明亮，盡你所能保持清醒，直到該睡覺的時間到來。

　　有些人覺得參加自己居住地的比賽比較輕鬆，可以省去額外花費和旅行帶來的麻煩，但就算你在當地比賽，也可以考慮住飯店。前一晚住在位置絕佳的飯店，代表第二天早上可以走路到會場，這麼做有幾個好處。這樣不但可以在比賽當天稍微睡晚一點，如果你容易對比賽早上的人群和混亂現場感到有壓力，走一小段路到起跑線或許能安撫你的焦慮。如果你想在自己的床上好好睡一覺，那一定要提早起床出發，也許你住的地方離會場只有 15 分鐘的車程，但是比賽當天可能會有很多交通和停車問題，可以考慮請別人載你到會場，省去自己停車的麻煩。

安排加油團

　　大多數馬拉松跑者都會喜歡途中有親友加油，不只能打破一個

人長跑的孤獨感，也讓漫漫長路上有事情可以期待。賽前檢視路線圖並且安排親友的觀賽行程，可以讓你的啦啦隊多看到你一點，同時也對自己有幫助。我太太參加波士頓馬拉松的時候，我搭火車到比賽 16 英里處等她，為此我們提早規劃我要站的位置，讓她知道我會在路的哪一側。看到我的時候，她拿 2 個空瓶跟我交換 2 瓶水，這樣就能得到需要的水分又不必隨身攜帶太多，還能讓我為她加油打氣。

研究跑步路線

　　認識你的比賽路線，如果參加的是當地的比賽，可以考慮試跑幾段路讓比賽當天有心理準備。在比賽路線上訓練，能讓你了解轉彎、爬坡和其他細節，熟悉會給你冷靜的心和控制能力。漢森－布魯克斯長跑計畫的菁英運動員常會事先到下一場比賽的地點旅行。在賽前試跑幾趟比賽路線，如果訓練初期就到場地試跑，就能提早調整自己的訓練地點和內容，為比賽做更完整的準備。如果你沒辦法在賽前試跑路線，那就多做功課，看馬拉松大賽官方網站、YouTube 影片和網誌文章，搜尋路線導覽、高度圖和其他路線細節。

比賽當週

觀光

　　如第十章所述，比賽前要克制觀光的衝動。你絕對不想在馬拉松比賽前 36 ～ 48 小時內跑來跑去，沒有讓腳休息。但是關在飯店房間好幾天的確很無聊。你可以去短程的散步或騎腳踏車，只要不

是跑去徒步城市導覽就好。你也可以考慮在賽後多留一天好好觀光，而且賽後散步甚至會讓疲勞的雙腿更舒服一點。

馬拉松博覽會

　　大多數的馬拉松博覽會都類似繁忙的跳蚤市場，吸引人拐進去看看最新的跑步鞋、裝備和好東西。你得注意不要花太多時間在攤位站太久，這是跑者常犯的錯誤，被環繞賽事的華麗排場吸引後，在展場堅硬的水泥地上走來走去，沒有坐在沙發或床上好好休息。大多數的週日馬拉松，博覽會在週五和週六開放，可能的話，利用週五的午休時間去，順便領取物資，這樣可以防止自己流連忘返，隔天還能享受放鬆的賽前最後一天。如果你只能在比賽前一天抵達博覽會，請盡量提早到場以避開人潮，然後趕快離開讓腳休息。

賽前晚餐

　　無論你是參加主辦單位安排的賽前晚餐還是在家裡吃，原則都是一樣的，最重要的一點就是填充碳水化合物。但不是叫你狂嗑 4 盤義大利麵再來 3 條吐司，而是吃一頓健康且分量正常的晚餐，富含容易消化的碳水化合物，目標是在比賽前填滿肝醣儲藏量。如營養章節所建議，這一餐之前的一整週都應該要均衡飲食，否則賽前晚餐也無法做多少改變。訓練期間可以在長跑日前一晚測試賽前晚餐的菜單，這樣就能預期比賽當天的狀況。此外，雖然你隨時都要補充水分，但要確保在賽前一天持續喝水和運動飲料。達到適當的身體含水量需要時間，應該在賽前最後一整週都特別注意。

睡前

　　利用賽前的傍晚整頓好一切，把跑步背包整理好而且可以拿了就走、將計時晶片繫在鞋帶上、要穿的衣褲拿出來，並把水壺裝滿。躺上床之後可能會很難入睡，就算輾轉反側也不用煩惱，因為過去10天的休息量非常充足。如果你實在睡不著，可以考慮吃一點小點心，例如含有碳水化合物的代餐棒或高蛋白奶昔。身體會在一夜的睡眠之中燃燒掉肝臟儲存的一半肝醣。雖然不是每種情況下都如此，但是吃宵夜可以減少早餐要補給的量，這麼做也更能避免肚子不舒服。如果你特別容易在賽前緊張，這也是在恐慌發作前補充熱量的好方法。原本早上需要攝取 300 ～ 500 大卡，現在只要 100 ～ 200 大卡就能補滿肝醣儲藏量了。

賽前最後六週

第十六章
比賽當天！

　　比賽的大日子終於到了，這段時間對馬拉松累積的期待終於要付諸實行。如果你有遵循前一章的建議提早做準備，比賽當天有很多事情都不必操心，在面臨巨大壓力時，有助於減少焦慮感。為了幫你更清楚地了解狀況，我們把當天早上該做的事一步一步列出來，這些事一樣也需要提前預演練習。

比賽日早晨

　　如果你在開賽前 3 小時或更早起床，可以吃一頓正常的早餐，如花生醬貝果、香蕉和咖啡或果汁。離開賽時間愈近就要吃得愈保

守，起跑前數小時要少吃固體食物，並多攝取碳水化合物。倒數 1 小時只能吃能量膠，給你短暫的飽足感但沒有真正吃飽的感覺。

開始以·口為單位計算水分攝取量，不要再用盎司（毫升）計算。你不會希望比賽前半段帶著一肚子的水跑步。試著推算你會在起點的柵欄內等待多久，有時候跑者要等上 1 小時才能跨越起跑線。隨身帶水或飲料，慢慢啜飲以維持體內含水量，也要留意流動廁所的位置。

除了體內補給，還要注意體外的部分。事先查詢賽前和賽中的天氣預報，因為有可能在起點柵欄等待 30 分鐘以上。你得有充分的準備，清晨的氣溫可能會比白天低很多，起跑前以洋蔥式穿法保暖是不錯的方案，你可以在開跑身體暖起來之後脫掉丟棄。因此請穿不要的舊衣服，至於最後一層則穿你平常的跑步裝備，並且在上面別上號碼布。在跑步裝備外面套上不要的舊運動褲或運動服，身體熱起來後，便能不用猶豫地把這些給扔了。

心理準備

抵達大賽會場後，你可能已經緊張得不得了。不用慌，緊張也可以是一件好事。代表你認真看待這趟遠距離挑戰，而且知道路途會很艱難。建議你不要把心思都放在緊張上面，可以花時間想想努力過的訓練，並告訴自己：「我的體能沒問題，已經準備好比賽了。」提醒自己，訓練不會騙人，2 加 2 就會等於 4。把緊張當作謹慎的自信心，是對即將面對的路跑有實際的期待，同時也自我提醒，經過所有的訓練你已經準備好克服馬拉松。

　　　　　　　　　　　比賽當天！

這個挑戰很難，有時候甚至會痛，你要接受這個概念。有了這層認知，當比賽變得吃力的時候，你會更堅強面對，因為早就知道馬拉松不是輕鬆的事。這種心理準備等於備妥正面且激勵的思維，隨時幫自己繼續撐下去。當你真的忍下了身體的不舒服，繼續往前跑的時候，你會被自己的毅力和堅持鼓舞。

比賽準則

暖身

就要跑 26.2 英里了，速度較快且距離較短的比賽一定要暖身，你可能會疑惑：「我還要用暖身加長馬拉松的跑步距離嗎？」答案是肯定的，當然要暖身。不過，依照每個人的目標不同，暖身的意義也不一樣。而且還有實際執行的問題。舉例來說，只有幾百名跑者的小型路跑和 4 萬人參賽的大型馬拉松比賽，兩者相比之下，小型路跑多了很多可以暖身活動的空間。有很多原因讓馬拉松的賽前暖身不同於其他短程路跑。假設要跑 5 公里，你必須在短時間內從零進入高速，但馬拉松並不是如此。雖然不同，但暖身對兩者都很重要。只是一個是準備參加拉力賽，而另一個是準備週日去兜風。以下是依照目標完賽時間不同而列出的不同暖身建議。

【3 小時 15 分以內的目標】

對你而言，表現是關鍵，引擎要暖到顛峰狀態，準備好讓你進入快速的配速並維持下去。輕鬆慢跑 10 分鐘、動態伸展 5 分鐘和衝刺跑 5～10 分鐘就行了，暖身時要計時，才能提早去上廁所並且準

時抵達起跑線。

【3 小時 16 分～ 4 小時的目標】

　　看比賽規模而定。小型的比賽可以輕鬆地慢跑 10 分鐘，再做動態暖身 3 ～ 5 分鐘（不需要衝刺跑），之後還能在開賽前幾分鐘抵達起點。但是大型比賽在柵欄等待的時間可能要 20 分鐘以上，你得調整暖身運動，比如在柵欄內的空間慢跑，或是做深蹲等簡單的動作。如果你知道自己比賽時容易起跑過猛，就少做一點暖身，這樣通常可以抑制暴衝的衝動，得到比較理想且保守的起步。

【4 小時 1 分～ 5 小時以上的目標】

　　目標完賽時間較長的跑者會被安排在柵欄的末段，因此會是最後跨越起跑線的人。如果你參加的是大型馬拉松，那光是在柵欄內走到起點的這段距離就能當作很好的暖身了，至於小型馬拉松則可以做 3 ～ 5 分鐘的動態暖身，再前往柵欄。

比賽策略

初期（0 ～ 6 英里）

　　開頭就主宰了整場比賽的發展，此時的目標是盡快調整到目標配速。剛開跑你可能要不停閃躲其他跑者，但請提醒自己保持冷靜，不要為了繞過一群慢速跑者而做出傻事。此時盡量跑直線（最直接的路徑）節省時間，然後相準時機超越人群。

　　配速的標準差是多少呢？速度愈快，標準差的範圍就愈小，對

於目標 3 小時 15 分以內的人而言，標準差只有快慢每英里 5 ～ 10
秒而已。我個人偏好維持在快慢每英里 5 秒之內。對於目標 3 小時
15 分～ 4 小時的人，你可以給自己快慢每英里 10 秒的範圍。超過這
個目標完賽時間後，最大的標準差範圍可到快慢每英里 15 秒。

起跑的營養補給

開跑前 15 分鐘吃 1 條能量膠（或是其他備妥的熱量來源），提
早開始補給計畫，並確保盡可能維持肝醣儲藏量。不用擔心會引發
胰島素反應（即血糖崩潰 [blood sugar crash] ），因為你馬上要開
始運動，能量會在被儲存之前先被使用。為了達到這個目的，能量
膠一定要在開跑前的 15 分鐘攝取。

但是使用上述範圍要小心，這不代表你跑快幾秒也沒關係，這
不是配速標準差範圍的用意。它的意思是，有幾段路你會跑比較快，
也有幾段路會跑比較慢，如果能維持在範圍之內，平均起來就很接
近目標配速。但如果在比賽初期一直都偏快，後面有可能要付出慘
痛的代價，而且初期過快的情況很容易發生。反過來說，如果你維
持偏慢的配速也不用慌張。現在還早，比賽仍有起伏。不用強迫自
己加快速度。保持放鬆，觀察配速是否自然加快。有時只是需要一
點時間讓引擎熱起來。

至於營養和水分補給則要盡早開始，大約跑 30 分鐘後就是攝取能量膠、咀嚼錠或飲料的時機。還記得你在開跑前 15 分鐘就攝取了第一次，所以開跑後 30 分鐘大約和上一次攝取熱量間隔了 45 分鐘。比賽初期因為感覺良好所以略過飲料和能量膠補給是常見的錯誤，這種決定最大的問題在於之後無法填補赤字。要知道，跑了 20 英里之後，一樣的配速可就沒有那麼輕鬆了，而且到時候也不會想狂灌運動飲料和能量膠。所以補給的重點就是，提早補充水分和營養，比賽後半的狀態才會更好。

中期（7～20 英里）

　　如果你能在比賽初期就找到穩定的節奏，中期對你的心理會比較輕鬆。此時很適合放空讓雙腿自然地向前跑。最重要的是：配速、配速、配速。那些投資在節奏跑訓練的時間，此時都會發還利息。

　　理想情況下，你會和一群目標相近的跑者群一起跑，群體裡的每個人都會盡一點貢獻，比如幫忙維持配速或協助領導。這有助於比賽中期節省精力和放空腦袋，雖然超脫當下似乎有違直覺，但這種瘋狂想法有其道理。長時間集中注意力非常累人，在比賽末期，你需要心理力量來克服生理能力的降低，此時你可不希望心理已經疲勞。所以要想辦法，讓自己只需要花很少的心理能量在跑步上，而且深知最艱難的部分還沒到。

　　記住，如果不準時補給營養和水分，以上這些是不可能做到的。肌肉不是唯一消耗碳水化合物的部位，大腦的養分來源完全只依靠碳水化合物。因此維持身體含水量和血糖濃度，就能讓肌肉肝醣用在該用的地方，並且讓大腦更專注，也準備好更深入探索。大腦需

要肝醣才能正常運作，如果體內的肝醣量低，思慮會開始模糊，也削弱判斷能力，思慮愈清晰，愈能說服自己撐下去。

最後 10 公里

你可能聽過「20 英里後才是真正的馬拉松」或「20 英里是馬拉松的中點」，這些話說的沒錯。所幸我們討論的一切都是為了讓你準備好，迎戰馬拉松最困難的一部分。最後 6 英里才是真正的考驗，這一點無庸置疑。為了讓你不只是跑完最後 10 公里，還要強勢抵達終點，以下是我們的重要祕訣：

目標放小：理想情況下，跑到 20 英里後，長距離的跑步開始對身體有影響，但你仍能維持自信，不怕恐怖的大野熊從背後一把抱住你。一定會疲勞，但你的思緒清晰且身體移動自如，比賽至此階段，維持敏銳的心理狀態成了關鍵，敏捷的大腦才能評估自己身在何處、計算是否加速，以及把注意力放在眼前的任務。把目標放小，不要去想還有 6 英里要跑的事實，而是專注於接下來的 10 分鐘、1 英里，或是下一盞路燈。抵達小目標之後就重整思緒想著下一個小目標，不要多想。把長距離分解成較短且容易掌握的短距離，這是很好的方法。

持續攝取碳水化合物：即使你剛剛才喝運動飲料，也可以騙大腦已經得到了碳水化合物，大腦就會以為它已經獲得碳水化合物而繼續維持運動強度。所以如果你的胃（或腦子）拒絕攝取任何東西，就想想喝了之後的欺騙效果。

加速：如果直到此時你都維持著保守的配速，並且猶豫何時該加快，現在就是時候了。但不要瘋狂衝刺，而是一點一點增加。就算前面 10 公里都無法提升速度，你至少還能降低損耗。不用怕前面超前的進度被抵銷，只要穩住腳步並繼續一步一步推進即可。

比賽日物品檢查清單

□ 跑步鞋和襪子　　　　　　□ 護唇膏和防晒油

□ 慢跑背心或運動內衣　　　□ 賽前和賽後的衣物

□ 短褲　　　　　　　　　　□ 毛巾

□ 水／運動飲料　　　　　　□ 衛生紙或面紙

□ 號碼布　　　　　　　　　□ 保溼防磨膏（Body Glide 品牌或凡士林）

□ 計時晶片　　　　　　　　□ 保護乳頭的 OK 繃（男性用）

□ 別針或號碼布腰帶　　　　□ 手套／袖套

□ 能量膠　　　　　　　　　□ 可丟棄的衣褲

□ 手錶　　　　　　　　　　□ 錢

□ 太陽眼鏡　　　　　　　　□ 賽後裝備的背袋

□ 帽子／綁馬尾／髮圈　　　□ 地圖和參賽手冊

第十七章
比賽結束後

　　恭喜馬拉松完賽！結束了辛苦的路跑後，你可能會想下一步是什麼？對漢森－布魯克斯長跑計畫的菁英隊員而言，馬拉松結束後兩週都不跑步是最重要的基本規則。對你也一樣，不管你是否達到完賽時間的目標，都需要兩週的休息時間。在通過終點線的時候，你就像賽車手一樣，只希望油箱的油足夠開過黑白方格旗。雖然比賽全程都有補給營養和水分，還是不可能維持油箱全滿，在看到終點的時候，油箱很可能已經見底。完賽後休息一段時間很重要，因為身體需要時間才能讓肝醣和含水量恢復正常值。

　　但是真的需要休息整整兩週嗎？簡單來說，你的確需要。對於剛經過馬拉松洗禮的身體而言，適當的休息非常重要。為了更了解

這個過程，讓我們進一步探討完賽後跑者常見的疼痛和疲勞。與一般的想法相反，賽後的疼痛或不舒服不是因為血液裡的乳酸激增所導致。其實馬拉松的強度沒有高到能製造大量乳酸，而且跑步期間製造出來的乳酸都被肝臟回收轉化成肝醣，血液裡所有的跑步產物都在結束後幾分鐘內就消失了。

那什麼才是馬拉松疲勞的真正元凶呢？除了本書先前所述，我們在比賽期間慢慢脫水和耗盡肝醣，還有一個原因是，肌纖維在跑26.2 英里期間受到破壞。雖然每個人的身體對馬拉松的反應都不一樣，但大部分的跑者至少都有輕度的細胞損傷，因此肌肉需要數日甚至一週才能補回肝醣儲藏量。

以下的詳細步驟描述馬拉松賽後幾分鐘、幾小時、幾天和幾週應如何處理。

剛結束比賽

跨越終點後，給自己一點時間，慶祝你讓身體超越極限而且完賽。無論計時的成績如何，只要你盡了全力比賽就是成功，為自己的成就驕傲吧！在這些正面的感受之中一定夾帶了痠痛和勞累。很多資深的跑者都說，他們跑完人生初次馬拉松後，站在終點想著「我絕對不會再跑馬拉松了」，結果卻又跑了好幾場。沒錯，馬拉松雖然會讓人痛，但很多人嘗試過後就此上癮。

賽後 30 分鐘.

　　雖然你可能一點也不想吃東西，還是試著馬上攝取一點熱量。不管攝取什麼都沒關係，幾乎可以說想吃什麼就吃什麼，可以喝一碗雞湯、一瓶可樂或是吃巧克力餅乾。此時最重要的就是熱量，來源並不重要。通常你也不能挑完賽餐點，所以這樣也很剛好，不管主辦單位準備了什麼都可以接受，因為你幾乎耗光了肌肉和肝臟裡的肝醣，此時進食可以讓身體更快速恢復。除此之外，這時候身體血糖低、缺水，電解質也所剩無幾，愈快補充這些營養，就能愈快驅走不適感。最佳恢復期很短暫，請在賽後 30 分鐘內好好利用完賽區提供的餐點。

賽後 2 小時

　　拿好自己的東西和點心之後，離開終點去找家人和朋友。因為有攝取一點食物和飲料，你可以等到腸胃比較舒服的時候再吃一頓正餐。回飯店或家裡洗個澡，並換上舒適的衣服，這時候你應該可以吃頓飯了。此時應注重攝取高比例的碳水化合物，以補充比賽損失的肝醣。如果你還不太想大吃一頓，可以緩慢且穩定地攝取以累積熱量。營養豐富的點心對於身體系統的恢復很有幫助，蔬菜水果和全穀物都是很好的選擇，並且應搭配水、果汁或運動飲料。

賽後當天剩下的時間

依照食欲持續補充水分和食物，坐下來或躺下來讓腳休息幾個小時。你值得好好休息，雖然你會覺得渾身僵硬且疲累，但是傍晚起來走一走讓雙腿活動很重要，這會讓隔天早上的痠痛感減緩一些。

暫停跑步期間我能做什麼？

- 休息，補給營養和水分。
- 不要做大幅度的伸展操，因為會減少肌肉的血流量。
- 休息幾天不要做任何運動，接著慢慢做低強度的交叉訓練，這樣可藉由增加肌肉的血流量增進恢復速度。

之後3～5天

這幾天的活動比較麻煩，賽後隔天早上，下床的第一步會很艱辛，而上下樓梯的挑戰難度有如爬上聖母峰。不管是菁英跑者還是週末戰士，沒有人跑完馬拉松不會痠痛的。除了肝醣耗盡，肌肉的結構完整性也受到損傷。所以不要在剛跑完馬拉松的時候安排大型的出遊計畫。

這段期間完全不要跑步。記住，暫停跑步對你的身體有極大益處。有些跑者老是在馬拉松賽後沒幾天就開始長跑，導致一兩個月後雙腿甩都甩不掉疲憊的感覺。現在請先休息，才能讓身體完全恢復。你可以利用這段時間做一些訓練期不太能做的事情，並且好好享受一下。如果真的很想動動腳，就去輕鬆地散步吧。

賽後 2 週

很多跑者不喜歡暫停跑步，擔心休息會導致體能退步，但是了解休息在訓練裡扮演的角色很重要。排定的休息時間可以預防課表因為受傷和過度訓練而中斷，就算你覺得現在休息，簡直是偏離過去幾個月的軌道，但總比之後被迫休息來得好。你可以整整 2 週都不運動也沒關係，做一點緩和的交叉訓練也可以，輕鬆的阻力訓練計畫或腳踏車養生運動都是合理的選擇。交叉訓練可以幫助維持先前努力養成的規律運動，讓重新開始跑步更容易。這兩週只要忍住跑步的衝動，讓身體完全恢復，就能再次回到路上奔跑。[*]

休息 2 週後

休息 2 週之後就能自由開始跑步了，但是請保守進行。有些人休息不到 2 週就急著規劃下一場比賽，雖然有目標是件好事，而我們也讚賞繼續訓練的企圖，但要記得安排有彈性的計畫。不管你是菜鳥還是老鳥，慢慢觀察自己的恢復狀況都很重要，才能避免落入太快重返訓練的陷阱。

確認自己完全恢復而且準備好規律跑步之後，先從小目標開始，使用輕鬆的跑步行程。剛開始幾次可能感覺比平常還累，不用擔心，你的退步沒有想像中嚴重。休息 2 週只會讓體能下降 5%，對訓練週期而言只是零頭。

從隔天慢跑 30 分鐘開始，第一週的行程大致如表 17.1 所示。

你也可以恢復每週 2 ～ 3 次的阻力訓練，並且安排在未來的素質練習日以外的日子，讓自己慢慢養成規律。舉例來說，如果你知道之後會在週二、週四和週日做素質練習，那現在就把阻力訓練排在週一、週三和週五。現在排定行程，到時候訓練跑步時，就不必連續幾週犧牲阻力訓練到每週一天的程度。

表 17.1　恢復跑步的第一週課表

週一	20 ～ 30 分鐘慢跑
週二	休息（交叉／阻力訓練）
週三	25 ～ 30 分鐘慢跑
週四	休息（同週二）
週五	30 分鐘慢跑
週六	休息（同週二）
週日	30 分鐘慢跑

*　　審訂者注：跑完馬拉松後，肌纖維超結構受損，的確需要 2 週的修復時間。

恢復訓練第一週按照上述的距離跑步後，你可以考慮在第二週升級，但還是要維持輕鬆跑。如果你覺得精力充沛，而且很期待回到跑道上，就加長距離，路跑新手應該增加 2 天的 30 分鐘慢跑，一週總共有 5 天都跑 30 分鐘。進階跑者可以延長每天的跑步時間，一週 6 天，每次是從 45 ～ 60 分鐘不等的輕鬆跑。不過如果你全身痠痛疲勞，就讓自己重複第一週的行程，讓身體和心理恢復。

賽後 4 ～ 6 週

　　2 週的輕鬆跑結束之後，接下來 2 週要延長距離，慢慢恢復原本的訓練量。大多數人的一週跑步距離都在馬拉松訓練期間達到最長，此時不需要跑那麼多。你可以等決定好下一個目標再做，這時候維持尖峰距離的 50 ～ 60% 即可。所以如果馬拉松訓練期間一週最多跑了 45 英里，這兩週可以跑 20 ～ 25 英里。你可能會發現，現在跑起來比當初剛開始訓練容易多了。這時候累積跑步距離，也是未來方向的跳板，無論你想成為健康跑者或是超馬選手都可以，在這個基礎上能建立任何想要的訓練課表。

美好未來

　　這階段唯一的問題是：下一步要做什麼？很多跑者覺得應該馬上再做馬拉松訓練，但這對很多人而言並不是最好的選擇。在漢森計畫裡，我們有「3 － 2 原則」，也就是每 2 年跑 3 場馬拉松，而且最好不要一場接著一場。

對於剛從 0 達成 26.2 英里的新手跑者而言，請不要過度積極，新目標應該放在短一點的距離上。當你準備好進行組織化的訓練後，可以考慮 10 ～ 12 週的 5 公里或 10 公里訓練。完成之後，請加強自己的速度和耐力，隔年就能追求新的馬拉松目標。

至於經驗比較豐富的跑者，下一場馬拉松訓練最好不要隔那麼久。你可以做 10 ～ 12 週的短距離路跑訓練，利用新的成績和所剩的力氣，直接進行馬拉松訓練然後參賽。假設你剛跑完一場秋季馬拉松，你可以在冬季做短距離訓練（比如火雞賽跑［turkey trot］），然後在新年到來時開始春季馬拉松訓練。

評估比賽是否成功並決定未來方向

很多人跑完人生第一場馬拉松之後，渴望提升難度，以更具挑戰性的課表為下一場比賽訓練，但是選擇下一個課表時應該多方考量。馬拉松的學習速度很快，如果你的第一個課表稍微偏難，或許隔了一年你就能駕輕就熟地再次使用同一個課表，而且得到更好的成果。你也可能努力訓練但結果差強人意，此時更加努力並不是正確答案，問題可能出在當初用的課表超出你的能力範圍。不用怕，就退一步選擇比較適合目前體能的課表吧。

無論比賽結果如何，每個訓練循環都有價值，辨別成功與失敗的原因，對於長期的成功才是最重要的。每個人都希望比賽讓所有的努力都值得，但有時候並非如此，成功或失敗都沒關係。更重要的是，全面檢討訓練循環，並尋找對體能有損益的要素。完成一次循環後，可以自問幾個問題：

比賽結束後

· 我能按規定完成所有的訓練嗎？
　若無法的話，我是跑太多或太少？

· 所有訓練都能跑在規定的配速嗎？
　若無法的話，哪些訓練比較棘手？

· 我的輕鬆跑、長跑或其他訓練的配速是否過快？

· 這次訓練循環的每週距離是否較高？比我先前的訓練高？

· 目標配速是否比我過去的配速還要快？
　目標配速是否太困難？

· 從最近的表現和體能來看，我的目標是否適當？

· 與過去的訓練循環相比，這次的賽前準備如何？

· 我的比賽計畫執行得如何？是否起跑過快或過慢？

· 有人和我競賽嗎？觀眾的支持度好嗎？

· 這次訓練循環中，我的生活有什麼事發生？

．這次訓練循環中，我有生病嗎？

．這次訓練循環中，我需要處理受傷嗎？

．這次訓練循環中，我的睡眠狀況如何？

．這次訓練循環中，天氣如何？
我是否有為天氣做調整？

　　上述問題的目的是找出影響成敗的因素，找到之後應納入成功的相關要素，並且刻意排除或調整失敗要素。仔細分析兩者的相關要素，能讓你的體能在更短時間之內更上一層樓。

　　辨別成敗要素之後，下一步要做什麼？首先，好好休息並暫停跑步，接著仔細考慮你的選擇。需要幫忙做決定嗎？請參考圖 17.1 的決策地圖。

比賽結束後

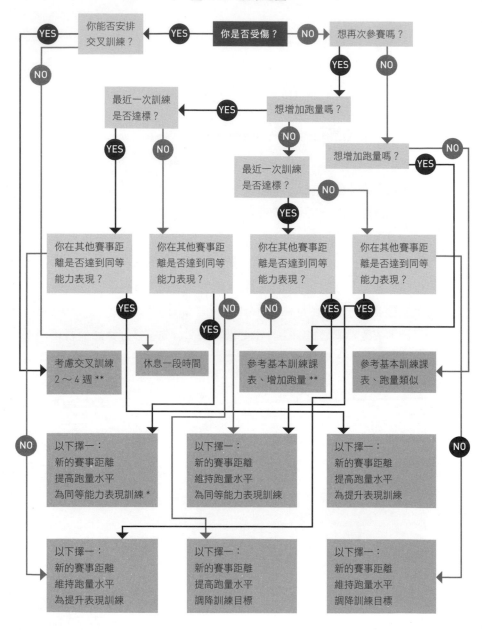

圖 17.1　決策地圖

*「為同等能力表現訓練」意思是專注於較短距離賽事的訓練。例如：若你馬拉松成績想跑進 3 小時，但半馬成績無法突破 1 小時 30 分，不妨考慮先展開一個訓練週期，讓你的半馬成績進步至 3 小時馬拉松的同等能力表現，之後再嘗試馬拉松比賽目標時間。

** 你可以在 www.hansonscoachingservices.com 找到漢森基本訓練課表與交叉訓練內容。

比賽結束後

/謝/辭/

得知我不姓漢森之後,很多人會露出詫異的目光,我懂,這些都是凱文和凱斯‧漢森的心血結晶,怎麼會是我在寫書呢?說真的,這是個很合理的問題。漢森兄弟讓我擔任他們的火炬手傳達這些訓練方法,我真的無比榮幸。我只是個來自中密西根大學的平凡跑者,2004 年他們在我身上賭了一把,又在 2011 年選擇再相信我一次,我永遠感謝他們給了我生平最大的兩次機會。

在我嘗試調整經典的漢森馬拉松訓練法時,我太太成了我的白老鼠,而大部分的調整都可行,所以才能繼續做下去,你們能成功都是我太太的功勞!開玩笑的,不過我真的跟她一起試過很多調整,我的家人是我即使不情願還是繼續寫書的動力,我真是個糟糕的作

者！

感謝我的漢森教練服務（Hansons Coaching Services）教練群：科里‧庫巴茲基（Corey Kubatzky）、麥可‧摩根（Mike Morgan）、梅麗莎‧強森懷特（Melissa Johnson-White）、凱蒂‧凱爾嫩（Katie Kellner）、賈許‧艾伯利（Josh Eberly）和達尼‧菲力派克（Dani Filipek），他們都是出色的漢森訓練法火炬手，幫我分攤了責任，也給我機會繼續傳遞訊息給大家。

如果沒有放心把訓練交給我們的運動員，就沒有這本書，感謝接受面對面指導的跑者，還有熱情的漢森馬拉松訓練法使用者Facebook 社團，你們讓我能更深入了解馬拉松選手的需求。我們教會你們做到本來以為不可能的事情，而你們則讓我們更清楚如今選手的訓練、準備和目標，大多數人都想要跑得更快，只是缺乏指導，這本書就是為了你們而寫。

身體文化 159

漢森初馬訓練法：第一次跑馬拉松就完賽
Hansons First Marathon, 2018 Copyright Edition

作者：盧克‧漢弗萊（Luke Humphrey）、凱文和凱斯‧漢森（Kevin & Keith Hanson）／**譯者**：劉宜佳／**審訂**：林嘉志／**主編**：湯宗勳／**編輯**：文雅／**美術設計**：陳恩安

董事長：趙政岷／**出版者**：時報文化出版企業股份有限公司／10803台北市和平西路三段240號1-7樓／**發行專線**：02-2306-6842／**讀者服務專線**：0800-231-705；02-2304-7103／**讀者服務傳真**：02-2304-6858／**郵撥**：1934-4724 時報文化出版公司／**信箱**：10899台北華江橋郵局第99信箱／**時報悅讀網**：www.readingtimes.com.tw／**電子郵箱**：new@readingtimes.com.tw／**法律顧問**：理律法律事務所／陳長文律師、李念祖律師／**印刷**：盈昌印刷有限公司／**一版一刷**：2021年3月12日／**定價**：新台幣420元

版權所有 翻印必究（缺頁或破損的書，請寄回更換）

時報文化出版公司成立於一九七五年，並於一九九九年股票上櫃公開發行，於二○○八年脫離中時集團非屬旺中，以「尊重智慧與創意的文化事業」為信念。

國家圖書館出版品預行編目（CIP）資料

漢森初馬訓練法：第一次跑馬拉松就完賽｜盧克‧漢弗萊（Luke Humphrey）、凱文和凱斯‧漢森（Kevin & Keith Hanson）著；劉宜佳 譯一一版.--｜臺北市：時報文化，2021.3；312面；21×14.8公分. --｜（身體文化；159）｜譯自：Hansons First Marathon, 2018 Copyright Edition｜ISBN 978-957-13-8641-6（平裝）｜1.馬拉松賽跑 2.運動訓練｜528.9468｜110001619

Hansons First Marathon, 2018 Copyright Edition by Luke Humphrey with Kevin & Keith Hanson Copyright © 2018 by Luke Humphrey
VeloPress, a division of Pocket Outdoor Media LLC
5720 Flatiron Parkway, Boulder, CO 80301 USA
Complex Chinese edition copyright © 2021 by China Times Publishing Company
All rights reserved

ISBN：978-957-13-8641-6
Printed in Taiwan